# DOMANDO LEONES

Ana Lorena Gamboa

*Free in Christ Ministries International*

*Diseño de la Cubierta y edición de texto:*
*FicmiProductions Media Center*
*Free in Christ Ministries Intl. Inc.*
*www.ficmiproductions.com*

ISBN-13: 978-0-9824981-9-4

Impreso en los Estados Unidos de América

*Dedico este libro a todos aquellos Guerreros que han sido lo suficientemente valientes como para superar sus obstáculos y pruebas. Para todos aquellos que no se han inclinado ante la adversidad, sino que han dejado de domesticar sus temores y han resistido a la tentación con su mejor arma:*
**La Fe**

# Índice

# Introducción

Es parte de la naturaleza humana tratar de aceptar lo que no podemos cambiar. Y es verdad, algunas cosas no pueden ser cambiadas. Sin embargo, adoptar una actitud pasiva hacia el sufrimiento no es la voluntad de Dios. Dios no quiere que suframos. Ese no es el propósito que Él tiene para nuestras vidas. Pero, ¿Permite el sufrimiento? Por supuesto que sí ... pero no es su intención primordial para nosotros. Él no se complace en nuestro dolor.

Cada ser humano lucha contra diferentes obstáculos y pruebas. La mayoría de nosotros invertimos tiempo y esfuerzo valiosos tratando de evitarlos. Esto es lo que yo llamo: "Actitud pasiva hacia el sufrimiento".

La Biblia nos enseña lo siguiente: "Estas cosas les he hablado para que en mí tengan paz. En el mundo tendrán aflicción; pero confíen, yo he vencido al mundo. "Juan 16:33

La clave no es sólo luchar contra las pruebas... Es pelear la buena batalla. 1 Timoteo 1:18 / 1 Timoteo 6: 12 /. Pablo dijo: "He peleado la buena, digna y noble batalla" 2 Timoteo 4: 7

El término Griego: agonizomai, traducido como "he peleado", significa literalmente "entrar en conflicto". Esta es una actitud activa.

Es la voluntad de Dios "entrar" en la batalla. No se supone que tengamos miedo del conflicto. Debemos abrazarlo. "Resistid al diablo" [mantente firme contra él] y este huirá de ustedes." Santiago 4: 7.

La palabra griega Koiné que se traduce aquí como: "resistir" es: anthistēmi y significa: ponerse a sí mismo en contra. Ponerse delante del oponente y ejercer fuerza.

"Hermanos míos... Bien saben que, cuando su fe es puesta a prueba, [a través de la experiencia] produce resistencia [que conduce a la madurez espiritual y la paz interior]." Santiago 1: 2-4

La gente tiene miedo de participar en la batalla. Unos prefieren devolverse. Otros, sólo tratan de reprimir o controlar sus temores, pero no se supone que debemos domar nuestros temores o preocupaciones. Dios espera que ganemos la batalla, simplemente porque Él nos ha dotado de fuerzas para la guerra; como dice la Biblia: " Tú me infundiste fuerzas para la batalla, para vencer y humillar a mis adversarios." Salmo 18:39

# Capítulo Uno

## Luchas y Sufrimientos

# Luchas y Sufrimientos

*"Hermanos míos, considérense muy dichosos cuando estén pasando por diversas pruebas. Bien saben que, cuando su fe es puesta a prueba, produce paciencia. Pero procuren que la paciencia complete su obra, para que sean perfectos y cabales, sin que les falta nada."* Santiago 1:2-4

La palabra traducida como "prueba" en el Nuevo Testamento se refiere a una palabra griega cuya raíz proviene del verbo: πειράζω peirazō.

Peirazō significa intentar o probar con el propósito de determinar la calidad de algo. Se probará la naturaleza del hombre para ver lo que piensa, o cómo se comportará. En la Biblia aparece la prueba que examina la fidelidad, integridad, virtud, y constancia del hombre. En la Palabra de Dios una prueba también puede referirse a una tentación interna hacia el pecado.

Peirasmos, que es la palabra griega Koiné usada para prueba, se refiere a la adversidad, a la aflicción y a los problemas.

Como seres humanos no queremos sufrir dolor. Haremos lo que sea para evitarlo. Por eso tendemos a evadir los conflictos, las pruebas o las tribulaciones. El dolor es un acto y un sentimiento subjetivo. La tendencia a escapar está ligada a la imposibilidad de alejarse de la dolorosa realidad. Según Max Scheler (un filósofo alemán) el dolor no puede ser pensado, pero el dolor nos obliga a pensar.

Hay dos tipos de dolor: el dolor corporal y el dolor interior; y aunque el dolor no es agradable, nos alerta de que algo está mal.

El dolor es necesario. Y a veces será inevitable. Desde el momento de nuestro nacimiento estamos afectados por todo lo que nos rodea.

La definición ampliamente utilizada de la Asociación Internacional para el Estudio del Dolor dice que: *"El dolor es una experiencia sensorial y emocional desagradable asociada con un daño tisular real o potencial, o descrito en términos de dicho daño"*[1] En el diagnóstico médico, el dolor se observa como un síntoma de una condición subyacente.

Todos tenemos miedo al sufrimiento y al dolor, pero lo que no comprendemos es que el miedo también es sufrimiento. El miedo al dolor físico a menudo es peor que el dolor mismo. El miedo a la muerte no es el miedo a estar muerto, sino el miedo a la situación que implica la muerte. El miedo al dolor nos hace sufrir mucho más que nuestro propio dolor. El dolor y el sufrimiento son muy diferentes. El dolor es activo. Lo sentimos y lo experimentamos a pesar de que no sabemos cómo lidiar con él, todos tratamos de hacer algo al respecto.

El sufrimiento es pasivo. El sufrimiento no es una mezquindad física o moral, sino un dolor pasivo, donde no se puede hacer nada. Es padecer, experimentar y tolerar el dolor como parte de su vida diaria. A partir de cierto grado de intensidad, el dolor físico se convierte en sufrimiento; Nos condena a la pasividad.

Hay diferentes puntos de vista con respecto al sufrimiento. Hay personas que piensan que el sufrimiento debe evitarse. Otros como Schopenhauer[2] piensan que toda la vida es dolor.

1."International Association for the Study of Pain: Pain Definitions". Retrieved 12 January 2015. Derived from The need of a taxonomy. Pain. 1979;6(3):247–8. doi:10.1016/0304-3959(79)90046-0. PMID 460931.

2. A. Schopenhauer, The world as will and representation, Ateneo, Bs. As, 1956, p. 56

Pero la Biblia enseña que el dolor tiene un propósito. A veces parece que cuanto más tratamos de escapar del dolor más dolor parece llegar a nosotros. Y es porque no fuimos diseñados por Dios para escapar o huir. Fuimos hechos para vencer.

Según la Biblia, el primer incidente registrado de la maldad, fue el orgullo de Satanás. Satanás, según Isaías 14:13 dijo: *"Subiré sobre las alturas de las nubes; Me haré como el Altísimo."* Satanás no se contentó con ser un subordinado de Dios. Él quería ser como Dios y comenzó una guerra con un tercio de los ángeles del cielo en Su contra. Y aunque fueron derrotados y echados fuera, Dios no desapareció a Satanás en ese momento.

Mas adelante, Dios creó un mundo perfecto, un paraíso para Adán y Eva. El Señor permitió que Satanás tentara a Eva, y Adán, a su vez, pecó contra Dios. La tierra fue maldecida. El trabajo se convirtió entonces en un esfuerzo y lucha; surgieron espinas de la tierra, y tuvieron que trabajar y sudar sólo para sobrevivir.

El paraíso estaba perdido. Pero todo esto era parte del plan maestro de Dios. Miles de años más tarde enviaría a Jesús que traería gracia a todos los hombres, si decidieran recibirla. Adán trajo el pecado a todos los hombres, pero Jesús trajo la salvación.

El pecado trajo dolor y sufrimiento a nuestras vidas, pero Romanos 5: 3-4 dice: *"Y no sólo esto, sino que también nos regocijamos en nuestras tribulaciones, sabiendo que la tribulación produce perseverancia; Y la perseverancia, carácter comprobado; Y probado el carácter, esperanza".*

*"Antes de sufrir, yo andaba descarriado; pero ahora obedezco tu palabra."* Salmo 119: 67

## Dolor Innecesario

*"Amados hermanos, no se sorprendan de la prueba de fuego a que se ven sometidos, como si les estuviera sucediendo algo extraño. Al contrario, alégrense de ser partícipes de los sufrimientos de Cristo, para que también se alegren grandemente cuando la gloria de Cristo se revele. ¡Bienaventurados ustedes, cuando sean insultados por causa del nombre de Cristo! ¡Sobre ustedes reposa el glorioso Espíritu de Dios! Que ninguno de ustedes sufra por ser homicida, ladrón o malhechor, ni por meterse en asuntos ajenos. Pero tampoco tenga ninguno vergüenza si sufre por ser cristiano. Al contrario, glorifique a Dios por llevar ese nombre. Ya es tiempo de que el juicio comience por la casa de Dios; y si comienza primero por nosotros, ¿cómo será el fin de los que no obedecen al evangelio de Dios? Además: «Si el justo con dificultad se salva, ¿En dónde quedarán el impío y el pecador?» Así que aquellos que sufren por cumplir la voluntad de Dios, encomienden su alma al fiel Creador, y hagan el bien."* 1 Pedro 4:12-19

Es necesario pasar por dolor y tribulaciones cuando vienen como resultado de nuestro servicio a nuestro Señor. Pero a veces nuestras malas acciones, malas decisiones o pensamientos equivocados nos llevan a padecer un dolor innecesario, que nosotros mismos hemos buscado.

La gente recibe lo que espera. Incluso si lo que espera no es necesariamente lo que quiere.

Esperamos no enfermar, esperamos no perder a nuestros cónyuges, esperamos no perder nuestros trabajos, y la lista continúa. Y esas mismas cosas que esperamos que NO sucedan, son aquellas que continuamos provocando y recibiendo en nuestras vidas. Estos pensamientos encuentran lugar en nosotros porque los hemos atraído. Porque hemos dedicado fuerza y tiempo pensando en ello. Entonces se convierten en acciones.

*"No entiendo qué me pasa, pues no hago lo que quiero, sino lo que aborrezco, eso hago".* Romanos 7:15

*"Las moscas muertas hacen heder y corrompen el perfume del perfumista; así es una pequeña locura al que es estimado como sabio y honorable" Eclesiastés 10: 1-2*

Esta es una declaración muy poderosa que encontramos en la Biblia. Sólo toma un pequeño pensamiento equivocado para arruinar sus creencias y valores. Los pensamientos equivocados te llevarán a caminos equivocados y te hará recibir las mismas cosas que no quieres en tu vida.

### Cómo empieza todo

Una pequeña tontería comienza con sólo un pensamiento. Cuando se alimenta, este pensamiento se convierte en una idea, y entonces comienza un argumento mental. La pelea ha comenzado. Si ese pensamiento se alimenta de temor, duda o avaricia, el resultado será la construcción de una fortaleza. Una fortificación.

Marcos 7:21 dice que los pensamientos buenos y malos proceden del corazón. Y dondequiera que esté el tesoro de un hombre, Allí estará su corazón. Es por eso que los buenos traen cosas buenas de sus corazones, pero la gente mala saca cosas malas de ellas. (Mateo 12:35).

> *Tu Corazón siempre estará donde tu tesoro se encuentre Mateo 6:21*

Las personas tienden a alimentar el pensamiento equivocado. Son vencidos por el miedo y actúan movidos por él. Ese pensamiento intenta persuadirle e intenta convencerle. La verdadera guerra ahora comienza en su mente. Por ejemplo: La gente a su alrededor comienza a enfermarse con la gripe. Su primera idea es: *"Es temporada de gripe"*.

Entonces un pensamiento terrible es plantado en su mente: *"Voy a enfermarme".* Y se entabla una lucha interna. *"Creo que mis huesos y mi cabeza me duelen ..." "será sólo cuestión de unos pocos días, y entonces también estaré enfermo".*

Es cuando empieza a creérselo. Y es cuando abre la boca y esas ideas y pensamientos ya no son abstractos sino que se hacen reales. *"Yo creí, por eso he hablado"* Salmo 116: 10

Comenzamos a confesar y declarar de lo que está en nuestro corazón: *"Me siento mal ... tiene que ser neumonía".*

## Las mentiras se vuelven verdades

Una mentira que el enemigo ha plantado en nuestra mente, comienza a tomar forma. Es entonces cuando realmente nos enfermamos.

Empezamos a sentir todos los síntomas. Nuestro cuerpo comienza a mostrar lo que nuestra mente dicta.

El Dr. Mercola en su artículo: *"Formulando el mapa de cómo las emociones se manifiestan en su cuerpo"* dice que cada sentimiento que tenemos afecta a alguna parte del cuerpo, y ese estrés puede causar estragos en la salud física. Él continúa diciendo: *"Es interesante observar que ciertas emociones están asociadas con el dolor en ciertas regiones del cuerpo, a pesar de que la ciencia no puede dar una explicación de por qué. Por ejemplo, aquellos que sufren de depresión a menudo experimentan dolores en el pecho, incluso cuando no hay nada físicamente malo con su corazón".* (1)

1. Mercola, J "Tecnología de Imagen Finalmente Revela la Forma en la que Se Manifiestan las Emociones en Su Cuerpo" 10 de Febrero, 2014 http://articulos.mercola.com/sitios/articulos/archivo/2014/02/10/mapeo-emocional-eft.aspx

La Biblia lo declara: *"Un corazón feliz es buena me-dicina y una mente alegre cura, pero el espíritu quebranta-do seca los huesos." Proverbios 17:22.*

Algunas personas han oído una mentira tantas ve-ces, que en sus mentes comienzan a creer esta mentira co-mo si fuera una verdad. Más tarde, no pueden hacer la di-ferencia. Si buscamos la verdad, la encontraremos. Pero la clave es buscar lo correcto.

Jesús dijo: *"Yo soy el camino, la verdad, y la vida, y nadie viene al Padre sino por mí" (Juan 14: 6).* Él mismo afirmó ser el único camino hacia el Padre y la fuente de la verdad y la vida eterna. Él no es sólo una de las maneras de llegar allí... Él es el camino. Él no es sólo una de las verda-des que hay que aprender, sino la única verdad. Y final-mente, una vez que lo hayamos encontrado ... llegaremos a la vida.

### Fe es todo lo que necesitamos

Cuando mi pequeño hermanastro tenía 8 años, le diagnosticaron un cáncer terminal de riñón. Leonel tenía programada una delicada operación para inspeccionar el avance del cáncer en sus riñones. El ultrasonido mostraba un gran daño. Recuerdo que le dijo a mi madrastra: *"Mamá no llores. Jesús vino a mi cama y me dijo que todo iba a estar bien ".* Ella lloró emocionalmente. Un día antes de la operación, mi madre y yo oramos. Estábamos en el dormitorio intercediendo por Leonel, cuando de repente mi madre dijo: "Veo riñones que están descendiendo del cielo. ¡Dios va a sanar esos riñones! "Yo también lo creí. De repente, los doctores y enfermeras entraban y salían de la habitación. Definitivamente algo extraño estaba suce-diendo pero nadie nos dijo nada.

19

Hasta que finalmente, el médico a cargo de la operación explicó a Yolanda (mi madrastra): *"Esto es algo extraño. Nunca hemos visto algo así antes. Seguro que esto es un milagro".* Lo que ocurrió fue que todo el cáncer se concentraba en un solo lugar y podían extraerlo (todo junto podría caber en un recipiente más o menos del tamaño de una licuadora).

Lo que nunca habrían imaginado era lo que verían a continuación. Debajo estaban nuevos riñones, como dos rebanadas de naranja. El médico explicó que con el tiempo crecerían y llegarían a su tamaño normal. ¡Alabado sea el Señor! Incluso apareció en las primeras páginas del periódico. Todo fue felicidad. Mi familia tuvo la oportunidad de experimentar de cerca la mano de Dios y Su misericordia.

Mi hermanito también actuó con fe. Antes de la operación, hizo un dibujo donde el estaba frente a una mesa llena de comida. Dibujó lo que iba a comer una vez que saliera de la cirugía: pollo, arroz, estofado, pasteles y postres. Una y otra vez repetía: "JESÚS me ha sanado".

Cuando la fe parece desvanecerse. Preséntese delante del Señor. Crea en Su reporte y recuerde lo que Él ha prometido:

*"No temas porque yo estoy contigo; No te desanimes, porque yo soy tu Dios. Yo te fortaleceré, sí, te ayudaré, te sostendré con mi mano derecha. "Isaías 41:10*

### Su reacción también puede causar dolor

No trate de averiguar por qué vienen las aflicciones. Al hacerlo, se está poniendo en una situación delicada. Está juzgando la situación.

Por lo tanto, no la juzgue. Determine su reacción hacia la situación. Las pruebas y tribulaciones sin duda vendrán. (Juan 16:33) y muchas de ellas provienen de ofensas cometidas por otros hacia nosotros.

Cuando la ofensa venga, el factor más importante es su reacción. La forma en que reaccionamos revela quiénes somos. Cada acción conduce a una reacción.

Una reacción es la secuencia de sucesos en la que cada uno es provocado por el anterior. Es la respuesta a un estímulo externo, que incita o activa en nosotros el deseo de hacer algo específico.

El enemigo siempre nos está enviando dardos, para provocar de nosotros una respuesta equivocada. Una reacción negativa. Él sabe que si reaccionamos mal, traeremos dolor a nuestras vidas. Por lo tanto, la próxima vez que recibamos una ofensa, no juzguemos las intenciones del ofensor (sólo Dios conoce las intenciones de por qué las personas hacen lo que hacen), sino enfrentemos la situación reprendiendo a la persona.

Reprender no es lo mismo que regañar o castigar. El sentido bíblico se refiere a hacer que el infractor vea el peso y el valor de sus acciones. En lugar de decir: "Hiciste esto porque ..." Formule la frase de manera diferente: *"Lo que hiciste produjo lo siguiente en mí"*

Dejemos de añadir significado a las acciones de los demás. No intentemos averiguar por qué las personas actúan como actúan.

El propósito de la represión es llevar a la persona al arrepentimiento. *"Si tu hermano peca contra ti, repréndelo, y si se arrepiente, perdónalo"*. Lucas 17: 3

La verdadera sanidad viene cuando ambos lados se benefician de lo que ha sucedido. Pero si una de las partes es herida, el propósito de reprender desaparece.

Por tanto, es un grave error centrar la atención en lo que la gente nos hace, creyendo saber la razón detrás de sus acciones.

# Capítulo Dos

## Temores y Dudas

# Temores y Dudas

*El miedo en sí mismo tiene que ver con la condición del corazón del hombre.*

*"Porque Dios no nos ha dado un espíritu de timidez, cobardía o temor, sino que nos ha dado un espíritu de poder y de amor, de sano juicio y dominio propio"* 2 Timoteo 1: 7

El uso de la palabra griega en el Nuevo Testamento para temor es Fobos y significa: miedo, temor, terror. Esta misma palabra cuando se refiere al temor de Dios significa: reverencia, y respeto.

De esta palabra griega se deriva la palabra: fobia, que está relacionada con una aprehensión específica que una persona tiene hacia algo, huyendo de él. Pero esa no es la misma palabra usada en este pasaje. La palabra usada aquí es: Deilia y significa: timidez, y cobardía. Es la condición del corazón humano que produce falta de valor para enfrentar el peligro, la dificultad, la oposición, el dolor, etc. Nos hace renunciar antes incluso de haberlo intentado.

La cobardía se convierte en temor cuando lo último nos abruma. El temor es una inquietud de la mente, cuando pensamos que nos llegará algún mal futuro.

Es una emoción experimentada en anticipación de algún dolor o peligro específico. El miedo tiene todo que ver con la mente, nuestro patrón de pensamiento y nuestro sistema de creencias. Exhibimos la emoción del miedo cuando estamos tratando de mantenernos en nuestra propia fuerza. Cuando tratamos de mantenernos racionales y prácticos.

| Miedo y cobardía | Temor de Dios |
|---|---|
| Promueve el pánico y la confusión | Promueve claridad y es objetivo |
| Busca una zona de confort | Deja la zona de comodidad |
| Evita los hechos | Aumenta la conciencia y la percepción. |
| Se detiene y paraliza | Te hace avanzar poderosamente y con seguridad. |
| Extiende el peligro y la vulnerabilidad | Llama a nuestra capacidad de responder al peligro. |
| Se origina en nuestra mente y ego | Es una respuesta de todo el sistema. |
| **Romanos 8:15 / 2 Timoteo 1:7** | **2 Timoteo 1:7** |

Los temores y las fobias nos hacen presa y traen consigo consecuencias. El miedo pone un lazo en nuestra vida. Ese vínculo nos inmoviliza y nos hace incapaces de continuar hacia el objetivo. Cuando un individuo comienza a entretener pensamientos irracionales que incrementan la anticipación del peligro más allá de la realidad, entonces se convierte en un esclavo. Comenzará a vivir con miedo. El miedo está enraizado en la incredulidad. La Biblia dice en *Lucas 12:32 que*: *"No debemos temer"*

Muchos problemas físicos y emocionales están arraigados en el temor. Las úlceras, dolores de cabeza, insomnio, fatiga o pérdida del apetito son síntomas comunes del temor. Un ataque de pánico es una repentina oleada de miedo a menudo acompañada de latidos del corazón, dificultad para respirar, mareos, palmas sudorosas y otros síntomas físicos desagradables. Mientras las señales del miedo actúan rápidamente para evitar el peligro, se intensifican cuando el peligro es inevitable. El miedo debilita nuestro sistema inmunológico y puede causar daño cardiovascular, problemas gastrointestinales como las úlceras y el síndrome del intestino irritable, así como la disminución de la fertilidad.

Puede conducir al envejecimiento acelerado e incluso a la muerte prematura. Según estudios en la Universidad de Minnesota, vivir bajo constante amenaza tiene graves consecuencias para la salud. (1)

## Impacto del miedo crónico

1. Salud física. El miedo debilita nuestro sistema inmunológico y puede causar daño cardiovascular y problemas gastrointestinales.

2. Memoria. El miedo puede perjudicar la formación de recuerdos a largo plazo y causar daño a ciertas partes del cerebro, como el hipocampo. Esto puede hacer aún más difícil la regulación del miedo y puede dejar a una persona ansiosa la mayor parte del tiempo. Para alguien con miedo crónico, el mundo les asusta y sus recuerdos lo confirman.

3. Procesamiento del cerebro y reactividad. El miedo puede interrumpir procesos en nuestro cerebro que nos permiten regular las emociones, leer las señales no verbales y otra información que se nos presenta, reflexionar antes de actuar y actuar éticamente. Esto afecta nuestro pensamiento y la toma de decisiones de manera negativa, dejándonos susceptibles a emociones intensas y reacciones impulsivas. Todos estos efectos nos pueden dejar incapaces de actuar apropiadamente.

4. Salud mental. Otras consecuencias del miedo a largo plazo incluyen fatiga y depresión clínica.

1. *Regents of the University of Minnesota, Impact of Fear and Anxiety, January 14, 2014*
*https://www.takingcharge.csh.umn.edu/enhance-your-wellbeing/security/facing-fear/impact-fear*

# Domando Leones

Las personas tienden a dedicar igual o más energía a las cosas que no quieren y tratan de evitarlas. En lugar de pensar en cosas que traen felicidad. Creen erróneamente que alimentando sus pensamientos equivocados los hará desaparecer. Cuando en realidad se están enfocando en ellos, dándoles poder sobre su vida. Potenciando el miedo y la duda. El miedo es como un imán que atrae todas las cosas malas y nos mantiene pensando mal: *"¿qué pasa si me enfermo", "qué pasa si la policía me atrapa", "qué pasa si mi marido me deja", "qué pasa si tiene una amante","¿Y si no me dan el trabajo", "que pasa si no tengo el dinero", "qué pasa si la gente no viene" y "qué pasa si me equivoco cuando estoy orando".* Comenzamos a reclamar y confesar cosas y enfermedades que no deben ser parte de nuestra naturaleza como creyentes en Cristo.

Cada persona es un creyente en cierta medida. Cada persona cree en algo. Y da tiempo a esa creencia. Buena o mala, correcta o equivocada. Hay quienes son creyentes en la brujería y dedican su fuerza a eso para ver resultados. Otros son creyentes de la medicina, y ponen su fe en ella. Otros creen en lo natural, otros en el poder mental. Pero no importa donde depositen su fe, el único que puede verdaderamente salvarles es el Dios viviente, por medio de Jesucristo. Para deshacerse de la duda y el miedo por completo, es necesario confiar completamente en Dios. *"El SEÑOR es tu protector, es tu sombra a tu mano derecha."* Salmo 121: 5

> *Creemos erróneamente que enfocarnos en nuestros pensamientos equivocados los hará desaparecer*

Durante años yo solía tener muchos miedos. Uno de ellos era el temor a estar sola. No tener amigos era una idea mortificante que anidé durante mucho tiempo. Y cada vez que podía establecer una amistad, por alguna razón u otra, la persona se mudaba a otro estado o país, o moría, o simplemente dejaba de comunicarse conmigo. Esto comenzó a crear una pared delante de mí, que yo misma construía a causa de mi miedo a ser herida.

> *El miedo es como un imán que atrae todo lo malo y nos mantiene pensando lo equivocado*

Cuando me di cuenta del error que estaba cometiendo, empecé a cambiar mis pensamientos y mis prejuicios.

Comencé a detener ese razonamiento erróneo que me mantuvo engañada durante tanto tiempo. Comencé a abrirme a nuevas oportunidades, a conocer nuevas amistades y a cultivar nuevas relaciones. Ha sido hermoso lo que he logrado desde entonces.

Nadie puede salvarnos del temor, sólo Dios. Él es el Libertador. Sólo en Él seremos verdaderamente libres. Todo está bajo Su dominio; Él tiene control sobre todas las cosas, lo visible y lo invisible, incluso las autoridades han sido puestas por Él. Para ser libres del miedo debemos afrontarlo y derribarlo con el poder de la Palabra de Dios. Leemos en el Salmo 34: 4 *"Busqué al Señor, y él me oyó, y me libró de todos mis temores."* Busquemos a Dios. Invirtamos tiempo en conocerlo. Abramos el corazón a Él y El vendrá en nuestra ayuda. *"El Señor va delante de ti; él estará contigo, no te dejará ni te desamparará. No temas ni te intimides." Deuteronomio 31: 8*

## Nuestras dudas

La duda es la vacilación o indecisión entre dos o más juicios u opciones. Es la incertidumbre que se experimenta debido a ciertos hechos y noticias. La palabra *duda*, como tal, se deriva de un verbo que significa «vacilar entre dos cosas». Cuestionar la verdad de algo, es lo que retiene a alguien en la indecisión.

*"Pero cuando pidas algo, debes tener fe y no dudar. Quien duda es como una ola de mar sacudida por una tormenta." Santiago 1: 6*

Cuando hemos sido vencidos por el miedo, empezamos a acoger dudas en nuestra vida. La duda es lo opuesto a la fe. Entonces empezamos a estar inseguros y dejamos de tomar decisiones saludables. Todos usamos el juicio todos los días en el proceso de toma de decisiones. Pero usted nunca progresará en esta área si no renuncia al control que usted cree que tiene. Deje que el Señor tenga la dirección de su vida. Él le creó; Y Él sabe lo que es mejor. *"Podemos hacer nuestros propios planes, pero el Señor da la respuesta correcta" Proverbios 16: 1*

Si se rodea de gente temerosa e indecisa, estará llenando su mente con el contenido equivocado. Tarde o temprano se convertirá en uno de ellos. Hablará como ellos y actuará según sus miedos. Determinando un camino lleno de incertidumbre y energía negativa.

La mayoría de las personas pueden estar conscientes de todo esto, y sin embargo, seguir cometiendo los mismos errores. Comienzan a preocuparse y a sentirse estresados.

Entre más estrés añada a la situación, más inseguro y temeroso se volverá.

Analice si :
• Su miedo provoca ansiedad intensa o pánico.
• Reconoce que su miedo no es racional.
• Evita lugares o situaciones específicas.
• Evitar el miedo provoca angustia e interfiere con su funcionamiento.

Entonces usted ha dado control total a sus emociones. Le ha dado poder a los miedos y las dudas y piensa que no puede vivir sin ellos. ¡Es hora de un cambio!

Piense en Ud. mismo experimentando la vida sin miedo. Por ejemplo:
• Si su miedo es el compromiso, imagínese feliz con un compañero.
• Si su miedo es conducir, imagine que está conduciendo su coche pacíficamente. Conéctese con la sensación de logro.
• Si su miedo son los perros, imagine que ve a un perro y se siente neutral y tranquilo.

Muchos temores se basan en creencias falsas o en un pensamiento catastrófico. Cuando ves a un perro, inmediatamente puedes tener la creencia de que el perro te morderá y que serás perjudicado.

Identifique estos patrones de pensamiento y comience a cuestionarlos. Comience a reestructurar sus pensamientos para no involucrarse en un pensamiento catastrófico, y comience a hablarle a dichos pensamientos.

Deje de domesticar sus miedos. Enfréntenlos. Su temor es como un león, que está listo para atacarle. Deténgase. Deje de estar domando leones.

*"Sean sobrios y velen, porque su adversario el diablo, como león rugiente, anda alrededor buscando a quien devorar."1 Pedro 5: 8*

# Capítulo Tres

## Domando Leones

# Domando Leones

Ya vimos que el miedo es como un león. Los leones rugen. También lo hacen los temores. Un rugido es un profundo y prolongado ruido hecho por los leones para asustar a sus presas. El rugido pretende que la presa empiece a huir confundida o se mantenga paralizada. En ambas situaciones, la presa es atrapada.

Como seres humanos tendemos a huir de nuestros problemas. Y parece que cuanto más corremos, nuestros problemas nos alcanzan. Es como un ciclo. El ciclo del miedo. Tememos, corremos y somos atrapados. Tememos, corremos y somos capturados. Una y otra vez. Porque cuando se corre, se envía un mensaje: *"Ven tras de mi"*.

Todas las señales que el cuerpo de la presa emite mientras está bajo temor, alimentan el deseo del león de perseguirla. Se convierte en un olor agradable para el león. Un exquisito manjar que quiere tragarse. Si sigue corriendo, mantendrá ese olor fluyendo. Ese olor forma un camino que el enemigo seguirá y rastreará. Los leones tienen un sentido del olfato muy bueno y poseen una capacidad de olfatear víctimas cercanas y estimar la longitud de tiempo que la presa ha estado en la zona. La única pista para que este león sepa que está cerca, es su fragancia.

Si estás más cerca de Dios, el enemigo lo sabrá. La Biblia dice que hay una cierta fragancia hermosa al pertenecer a Jesús. Él fue el primero en derrotar a la muerte y resucitar, y en Él también poseemos la dulzura de Su vida y resucitaremos a través de Él. *"Porque para Dios somos grato olor de Cristo entre los que se salvan y entre los que se pierden." 2 Corintios 2:15*

35

## Leones que rugen

Se sabe que el rugido de un león macho tiene el poder de alcanzar hasta 5 millas al oído humano. Se ha observado que los leones son capaces de comunicarse entre ellos incluso más allá de esa distancia.

Los leones rugen para reclamar territorio. Y sólo ruge en su propio territorio, para hacer saber a otros que este territorio ya está ocupado. (1)

También se ha observado que los leones rugen sobre todo por la noche cuando están muy activos. Si un león entra a otro territorio que no es de su conocimiento, permanece en silencio hasta que está seguro de que ha llegado a su propio territorio. Por eso, si usted no está en su jurisdicción, no puede hacerle daño. Si usted "escucha" su rugido, es porque está demasiado cerca de su dominio.

El enemigo usa su arma más letal: el miedo y la duda. Él ruge hacia usted para dominarle con el miedo. Intimidarle para provocar dudas.

Cuando un león le ataca, lo peor es correr. No corra. No tema. No se convierta en presa de león. No se convierta en una víctima de esta situación.

Muchas personas toman la posición de víctima y dejan que el enemigo ataque.

*"El viejo león perece por falta de presa. "Job 4: 11*

*"Su rugido será como de león; rugirá a manera de leoncillo, crujirá los dientes y arrebatará la presa; se la llevará con seguridad y nadie se la quitará." Isaías 5:29*

---

1."Why do lions roar". Rebekah Stites, Seotember 23, 2014. Caretaker , lions . The Smithsonian.com

### Identifique a su enemigo

Cada ser humano luchará contra el diablo, contra sus propios deseos, y contra el sistema del mundo. Usted debe identificar a sus enemigos sabiendo que ninguno de los tres puede ser domesticado. El diablo es como un león. No le tenga miedo, pero tampoco juegue con él.

Muchas personas tratan de hacer las paces con el enemigo pensando que están más seguros de esta manera. Otros tratan de domarlo. Y domar a un león es bastante difícil. De la misma manera, muchos intentan domesticar sus miedos. Entonces esos temores nunca se irán, porque se han convertido en mascotas-depredadoras que caminan detrás de sus propietarios, esperando el momento de atacarles.

Usted no debe acariciar sus miedos. Si lo que realmente quiere es escaparse de ellos, debe buscar su liberación. De lo contrario atraerá a otros leones que buscarán el momento oportuno para atacarle. Usted intentará domesticarlos y terminarán también desfilando a su alrededor.

### Domando a un león

Domar significa acercarse a algo intimidante y poderoso usando su ingenio y estrategias aprendidas para desarmarlo y amansarlo.

¿Has visto a un domador de leones?

El domador de leones sale, y en una mano tiene su látigo y una silla corta en la otra. Pero ¿ha prestado atención en qué forma el domador de leones sostiene la silla?

Cuando un domador de leones tiene una silla delante de la cara del león, el león trata de centrarse en todas las cuatro patas de la silla al mismo tiempo.

Con su enfoque dividido, el león se confunde y no está seguro de qué hacer a continuación. Cuando se enfrenta con tantas opciones, el león decide congelarse y esperar en lugar de atacar al hombre que sostiene la silla.

Los leones son gatos grandes que tienen una mente determinada, y los puntos de las cuatro patas de la silla balanceándose confunden al león lo suficiente como para que pierda su línea de pensamiento.

Entonces comenzamos a pensar, *"puedo domesticar a este león. Puedo confundirlo lo suficiente y entonces no me atacará. Lo estoy domando."*

¡Mentira! El enemigo es un engañador. Desde el principio ha sido el padre de todas las mentiras.

*"Él ha sido un asesino desde el principio, y no está en la verdad, porque no hay verdad en él. Cuando habla mentira, habla de sus propios recursos, porque es mentiroso y padre de mentira."* Juan 8:44

Es cuando usted se da cuenta que el enemigo ha cambiado de lugar ... y ahora está tratando de confundirle. Él es quien sostiene la silla delante suyo y está listo para dominarle, evitando que usted se concentre en una cosa y que sea fructífero.

Cada vez que se encuentre con una silla ondeando enfrente de su cara, recuerde esto: "todo lo que necesita hacer es concentrarse en una cosa y comprometerse." Hay que decidir PARA COMENZAR! Comenzar antes de sentirse listo es uno de los hábitos de la gente exitosa.

## Deje de mirar a la silla

Cuando uno se enfoca en lo que le confunde, la confusión le enreda y le hace caer presa de la desesperación. La desesperación le neutraliza y le quita su poder de decisión. Entonces se vuelve improductivo. Mirar sus problemas no los resolverá. Mirarlos fijamente no proporcionará una respuesta y será abrumado. Una de las tácticas del enemigo es confundirnos y desesperarnos, mientras nos enfocamos en el problema. Esto dará como resultado que cometamos muchos errores. En primer lugar, el enemigo nos hace rechazar el dolor producido por la desesperación. ¿Cómo? intentando escapar. Y en lugar de resistir al enemigo, nos resistimos al dolor. Creemos que soportando lo "malo" y aplicando nuestra fuerza al dolor, lo hará desaparecer.

Su propósito es que soportemos el dolor y nos conformemos a él, terminando en las artimañas del enemigo, teniendo miedo y desesperación. El miedo atrae el miedo. La desesperación atrae la fatalidad en nuestras vidas. 39

Cuando enfocamos los pensamientos en una cosa específica, es esa misma cosa la que terminamos atrayendo, ya sea que la queramos o no. No importa si es algo que deseamos tener, o algo de lo cual queremos deshacernos. La razón de esto es que no se nos ha enseñado cómo resistir debidamente al diablo. La mayoría de la gente piensa que resistir es lo mismo que aguantar. Y no lo es ...

## El poder de la resistencia

La Biblia dice: *"Por tanto, sométanse a Dios. Resistan al diablo y este huirá de ustedes."* Santiago 4: 7

En lo personal, a mí se me enseñó que resistir al diablo era soportar sus ataques hasta que ya no tuviera fuerza. Entonces, cuando me encontrara casi desmayada del dolor y fatigada, entonces Dios vendría en mi ayuda y el diablo se iría. No sin antes dejar heridas, dolor y miedo.

En mi mente, yo debía soportar su acoso. Si resistir al diablo es soportar y aguantar todo lo que él nos pone, entonces el escritor del verso bíblico de arriba, Santiago, habría escogido la palabra Griega Koiné: ὑποφέρω hypopherō que significa: soportar estando debajo, aguantar, soportar pacientemente.

Este término se usa en varios pasajes de la Biblia donde se nos amonesta a soportar un sufrimiento especifico, como en 1 Pedro 2:19: *"Dios te bendecirá por esto, si soportas el dolor del sufrimiento inmerecido porque eres consciente de Su voluntad".* Pero este no es el caso cuando se trata de resistir al diablo. El autor Bíblico usó otro verbo.

Resistir al diablo, es totalmente lo contrario. La palabra usada en este versículo viene de la raíz: ἀνθίστημι anthistēmi y significa: ponerse a uno mismo contra algo, para resistirlo y oponerse.

Es la misma palabra que se usa en Gálatas 2:11 *"Pero cuando Pedro vino a Antioquía, lo resistí cara a cara, porque era de condenar."* Debemos ponernos contra el enemigo y oponernos. Es una actitud activa. No basta decir: *"Te resisto, te ato".* Debes actuar sobre ello.

Al diablo no se le ata, sino que se le echa fuera de la circunstancia. Si solo lo piensas, persistirá. Pero si tomas acción... Él huirá. Era lo que hacia Jesús.

El poder de la resistencia es "enfrentarse" en batalla contra los pensamientos y fortalezas mentales que el diablo está tratando de plantar en nuestras mentes. Solo toma un poco de miedo para que se difundan y se conviertan en una realidad. Los temores son realidades. Son semillas que crecen.

## Sé sobrio, vigila ... 1 Pedro 5: 8

El diablo, como un león rugiente, está vagando por ahí tratando de encontrar gente pasiva de pensamiento y que no sea moderada en su comportamiento. Aquellos que fácilmente pierden el control de su temperamento y sean extremos en sus opiniones y opciones.

El Señor exige de nosotros que seamos moderados en cuanto a la gratificación de nuestros apetitos y pasiones. Eso es lo que significa ser sobrio. Es actuar de una manera imparcial y tranquila. Muchos de nosotros nos sobrecargamos con las preocupaciones y perdemos la razón debido a la desesperación. Aquellos que actúan irresponsablemente se convierten en una presa fácil del enemigo. Él vendrá a "devorarlos" usando sus propias pasiones, temores y deseos.

Pero, cuando somos vigilantes y prestamos atención estricta a las cosas, siendo cautelosos y activos, entonces estamos lo suficientemente despiertos como para desenmascarar al diablo. Por lo tanto, estemos alertas y con una mente sobria. Ejerciendo el autocontrol.

### Criaturas salvajes disfrazadas

Según la Palabra de Dios, el adversario de nuestras almas viene a nosotros para tentarnos y así hacernos caer. Y viene bajo tres disfraces:

1. **Como serpiente:** engañando nuestros sentidos, pervirtiendo nuestro juicio, y encantando nuestra imaginación. (Génesis 3:13) Las serpientes muerden cuando se sienten amenazadas. Y si usted está nervioso, será más propenso a ser atacado por una.

Bajo este disfraz, el "veneno" que El diablo usa es el miedo. Cuando este veneno se ha liberado, entonces intenta "exprimir" la vida de su presa. Manténgase firme... no tenga miedo. Repela y rechace cualquier forma de miedo que venga a su mente. De lo contrario, se incrementará y envenenará sus pensamientos.

2. **Como ángel de luz:** El diablo toma a veces apariencia de ángel "bueno" para engañarnos con falsas visiones de cosas espirituales, refinamientos religiosos, y presunción sobre la providencia y gracia de Dios. Entonces bajo este disfraz, el introduce las más notorias falsedades y errores; Y, bajo pretexto de la religión, introduce toda clase de idolatría, superstición e impiedad; Es de esta manera que ha tenido éxito en sus iniciativas y tentaciones. *2 Corintios 11:14.*

Éstas son sus artimañas, estratagemas y artificios astutos. No todo lo que parece ser piadoso es piadoso. Si el príncipe de la maldad puede parecer un ángel de luz, no nos sorprendamos si aquellos que tienen los corazones más negros parecen ser personas de la más eminente piedad.
No debemos escuchar sugerencias o argumentos solo porque parezcan venir de un hombre piadoso.
El diablo cubre sus mentiras con el vestido de la verdad, y oculta su veneno detrás de la misma.

3. **Como un león rugiente**: El enemigo imita ser un león para derribarnos, y destruirnos con oposición violenta, persecución, y muerte. 1 Pedro 5: 8. Los leones rugen cuando tienen hambre. Es cuando son más feroces, y buscan más ansiosamente su presa. Andan buscando víctimas. Una persona se convierte en blanco mientras no permanezca sobrio y vigilante. Usted no es una víctima. Pero si tiene la mentalidad de víctima, también encontrará un perpetrador. El diablo siempre está trabajando, y siempre anda buscando una debilidad en alguien, para tentarle.

## Nuestra lucha contra el diablo, la carne y el mundo

La Biblia dice en Efesios 6:12 *"Porque no luchamos contra carne y sangre, sino contra principados, contra potestades, contra los gobernantes de las tinieblas de este siglo, contra las huestes espirituales de maldad en los lugares celestiales"*. Estos seres espirituales se disfrazan y nos engañan. Nos hacen pensar que las personas que nos han herido y que están cercanas a nosotros, son nuestro enemigo. Pero nuestra lucha no es contra nuestro hermano, cónyuge o amigo, sino contra seres espirituales. Hay algo que se mueve detrás. La Biblia menciona cuatro elementos: principados, potestades, gobernadores de las tinieblas, y huestes espirituales de maldad. Estos elementos forman un sistema jerárquico. El enemigo ha copiado el orden divino y lo ha distorsionado. Ha eliminado su función original, cambiando la percepción del mismo.

Por lo tanto, da un resultado diferente al propósito original. Hay un nivel jerárquico compuesto por Satanás y sus seguidores, que vienen a tentarnos y hacernos caer. Es algo así como una cadena de mando. Pero no es la única manera por medio de la cual el enemigo inicia un ataque. Nuestra lucha contra el diablo puede ser también a través de nuestra propia carne y sus deseos. *"Pero cada uno es tentado cuando es atraído por sus propios deseos." Santiago 1:14* La Biblia las llama "obras de la carne" en Gálatas 5:19. Estas obras son notorias. *"Ahora son evidentes las obras de la carne: adulterio, fornicación, inmundicia, lujuria, idolatría, hechicería, odio, contiendas, celos, arrebatos de ira, ambiciones egoístas, disensiones, herejías, envidias, asesinatos, borracheras, y cosas similares; De la cual os digo de antemano, como también os he dicho en tiempos pasados, que los que practican tales cosas no heredarán el reino de Dios."*

Una obra de la carne es aquella donde invertimos la mayor parte del tiempo, esfuerzo y dinero. El propósito del enemigo es hacernos perder tiempo, energía (salud) y dinero. Un buen ejemplo que podemos utilizar es el de un fumador. Esta persona invertirá su tiempo fumando, tirando su dinero y deteriorando su salud.

Todo lo que hacemos, tiene consecuencias. Aquello en lo que invertimos tiempo, trae resultados negativos o positivos a nuestra vida. Por ejemplo, si pasamos la mayor parte del tiempo sentados viendo televisión o revisando nuestros teléfonos celulares y redes sociales, lo que traeremos a nuestras vidas será obesidad y ociosidad.

Todos conocemos nuestras debilidades, pasiones y deseos. Pasamos mucho tiempo tratando de domarlos, pero tarde o temprano la bestia se despierta y nos devora. Otro ejemplo sería como cuando buscamos otro trabajo para cubrir los gastos que tenemos. Si ese trabajo proviene de Dios, no le agregará tristeza. (Prov. 10:22)

Pero si es sólo un deseo humano, el tiempo y el dinero se perderán. Tampoco habrá tiempo para Dios ni para la familia. No será una bendición sino una distracción, y hasta una carga.

## Nuestras armas no son carnales

*"Aunque andamos en la carne, no militamos según la carne, porque las armas de nuestra milicia no son carnales, sino poderosas en Dios para la destrucción de fortalezas, derribando argumentos y toda altivez que se levanta contra el conocimiento de Dios, y llevando cautivo todo pensamiento a la obediencia a Cristo" 2 Corintios 10:3-5*

Una vez más, debemos recordar que no podemos domar a nuestro enemigo. Tenemos que conquistarlo. Pero para tener éxito, hay que usar las armas y la estrategia adecuadas. La palabra original usada en este pasaje para "guerra", strateuō significa realizar el deber militar usando una estrategia y llevando una expedición militar. No podemos usar una estrategia basada en nuestra carne. No podemos conducir mientras estamos en nuestra propia fuerza. El Señor es quien da la dirección y muestra el camino.

## El Trabajo en equipo

La razón por la que muchas personas fracasan es porque quieren hacerlo todo por sí mismos. Piensan que pueden sobrevivir solos. En un ejército, un solo soldado no puede hacer la guerra contra un ejército. Se requieren escuadras y grupos de soldados con diferentes funciones.

# Capítulo Cuatro

## La Estrategia

# La Estrategia

Cuando nos congregamos, formamos un ejército de soldados que representan al Reino de Dios, cuyas armas son maximizadas. Cuando estamos unidos, nos convertimos en la estrategia y el enemigo no puede acorralarnos ni hacernos sus víctimas. En Hebreos 10:25 leemos: *"no dejando de congregarnos, como algunos tienen por costumbre, sino exhortándonos; y tanto más, cuanto veis que aquel día se acerca."* En este versículo, "congregarse" es la palabra en griego koiné: ἐπισυναγωγή episynagōgé. Significa reunirse en un solo lugar como punto estratégico. Unirse a otros que están ya reunidos. La palabra inglesa synagogue, viene de esta raíz griega. También se refiere a la idea de un rebaño. El diablo conoce este principio. Por eso su propósito principal es encontrarte cuando estés solo. Por eso se disfraza de león o serpiente, haciéndote creer que puedes domesticarle, aclimatándose al contacto humano. Pero para hacer que algo se acostumbre a la vida en un hogar requiere que haya una relación. Creo que es al revés. El enemigo puede domarle a usted, haciendo que usted pierda su relación con Dios y ajuste su vida a sus malos caminos.

### Somos como ovejas

Dios nos compara con un rebaño de ovejas. Estas tienen un fuerte instinto de seguir a otras ovejas que están frente a ellas.
Los miembros dominantes del rebaño generalmente conducen, seguidos por los sumisos. Cuando una oveja decide ir a alguna parte, el resto del rebaño generalmente sigue, aunque no sea una buena "decisión".

Es por eso que necesitan un pastor. No otra oveja. La función de un pastor no es sólo dar dirección, sino protección. En una situación en que una oveja es separada del resto del rebaño, se verá muy agitada, y su desesperación le conducirá a caminos difíciles y peligrosos. (Salmo 119: 176) Las ovejas fueron uno de los primeros animales en ser domesticados. Su instinto natural frente al peligro es huir para no tener que luchar. Esa es otra razón por la que se reúnen en rebaño. Es parte de su comportamiento natural. Cuando una oveja está sola se vuelve angustiada y triste. Por lo general, sólo las ovejas enfermas buscarán la soledad.

*Conductistas de animales observan que las ovejas requieren la presencia de al menos 4 o 5 ovejas que al pastorearlas mantengan un vínculo visual entre sí.*

## Las Ovejas y el Pastor

La Biblia describe las relaciones cercanas entre los pastores y sus rebaños. Las ovejas reconocen la voz del pastor. Ellas lo siguen (o a ella). El pastor protege y da su vida por su rebaño . *"Mis ovejas escuchan mi voz; Yo las conozco y ellas me siguen."* (Juan 10:27) El Señor nos compara con las ovejas. Nosotros somos su rebaño y Él es nuestro pastor. El pastor fiel debe estar dispuesto a arriesgar su vida por el bien del rebaño. Así como nuestro Buen Pastor JESÚS no sólo arriesgó su vida por nosotros. Esto requiere que el pastor salga de su zona de comodidad y realice un trabajo muy importante: Apacentar a sus ovejas, dándoles el debido alimento.

Jesús se entregó a Sí mismo por nosotros y dijo: *"Yo soy el buen pastor: el buen pastor da su vida por las ovejas" (Juan 10:11).* El pastor también pondrá nombres a las ovejas. JESÚS dijo: *"Él llama a sus ovejas por su nombre" (Juan 10:3).* El pastor oriental siempre guía a sus ovejas, a menudo estando delante de ellas.

*"Y cuando saca sus ovejas, va delante de ellos, y las ovejas le siguen, porque conocen su voz" (Juan 10: 4).* El pastor está siempre atento a los miembros de su rebaño que necesitan atención personal.

A veces un cordero sufre por los rayos del sol, o por haber sido mal arañado por algún arbusto espinoso. El remedio más común que usa con estas ovejas es el aceite de oliva, una fuente llevada en su cuerno de carnero.

Phillip Keller, en su clásico libro, *El Señor es mi Pastor* explica cómo los insectos y varios parásitos en el verano pueden causar gran irritabilidad en las ovejas especialmente alrededor de sus ojos y sus pasajes nasales. Él escribe lo siguiente: *"Qué cambio increíble hacía esto entre las ovejas. Una vez que el aceite se aplicaba a la cabeza de la oveja había un cambio inmediato en el comportamiento. Se iba el agravamiento, se iba el frenesí, desaparecía la irritabilidad y la inquietud. En su lugar, las ovejas empezaban a alimentarse en silencio otra vez, y luego se acostaban en pacífica satisfacción".* Es entonces cuando adquirimos una nueva comprensión de lo que David tenía en mente cuando escribió: *"Él unge mi cabeza con aceite".*

## Domando Leones

Cada noche el pastor, en tiempos bíblicos, contaba las ovejas y comprobaba la salud de los animales. Por la mañana llamaba, y el rebaño lo seguía hasta el pastizal. (Juan 10: 3, 4) Al mediodía, los pastores llevaban a los animales a piletas frescas de agua para beber. Cuando las piletas se secaban, el pastor les guiaba a un pozo y sacaba agua. Este ejercicio es muy importante para las ovejas, ya que las ovejas obesas no pueden reproducirse.

A veces nosotros como ovejas del Señor estamos tan espiritualmente obesos que no podemos reproducirnos en otros creyentes. Conservamos tanta información y conocimiento que nos paralizamos y no cumplimos nuestra comisión.

*Pastor de la Antigüedad*
*Foto de 100 años de edad, retrata la vida de los pastores*
*en la antigua Palestina*

## Las ovejas enfrentan muchos peligros

Los animales salvajes que eran una amenaza para las ovejas en tiempos bíblicos incluían a los lobos, los leones y los osos. El león no ha vivido en esa tierra desde el tiempo de las cruzadas y el último oso visto fue hace más de medio siglo. David, como pastor, experimentó la amenaza del león y del oso contra su rebaño, y con la ayuda del Señor, pudo matar a ambos (1 Samuel 17: 34-37).

Las ovejas son vulnerables a los depredadores porque están básicamente indefensas y no tienen medios para protegerse. Ellas corren cuando algo las asusta y su única protección es permanecer juntas en grupo.

Las ovejas no pueden levantarse por sí solas. Si se caen, deben tener a un pastor para que les levante o entonces morirán. *'Oveja caída'*, es el término antiguo usado por un pastor inglés para una oveja que se ha caído sobre su espalda y que no puede levantarse por sí misma.

Una oveja 'caída' es una visión muy patética. Acostada de espaldas, con los pies en el aire, lucha frenéticamente por ponerse de pie, sin éxito.

¡Qué gran lección! Ahora podemos entender por qué el Señor nos compara con esos animales vulnerables. Necesitamos a un pastor para que nos guíe, cuide de nosotros y nos levante cuando caemos. Estudios han demostrado que cuando una oveja no puede levantarse cuando cae, se debe a un grave problema nutricional.

¡La alimentación espiritual es vital!

## Domando Leones

Una oveja mal alimentada sufre de caídas. (1)

Necesitamos el alimento espiritual adecuado, para nutrirnos y así evitar una caída. La Palabra de Dios es la que provee los nutrientes espirituales que necesitamos.

El exceso de lana, crea un peso innecesario que también puede causar caídas. Las ovejas necesitan ser trasquiladas por su propio bien. Cuando el pastor realiza este procedimiento, al principio no es agradable, pero al final, la oveja se siente libre y aliviada.

Las ovejas se enfrentan a muchos peligros, pero el pastor la libra de todos. Por eso, los pastores utilizaban un bastón para defender a sus ovejas contra ataques de animales salvajes, y una vara que era utilizada para guiar suavemente a las ovejas o para rescatarlas del peligro si caían.

La vara también se utiliza para arrastrar suavemente a una oveja hasta el pastor para ser consolada por él.

*oveja con exceso de lana*

---

(1) Illinois Livestock Trail, sheep and goats. University of Illinois - College of ACES - Department of Animal Sciences - University of Illinois Extension, 2002

## Ovejas y osos

*"Él es como un oso acechado, como un león escondi-
do en lugares secretos" Lamentaciones 3:10*

Este oso mencionados en la Biblia es, sin duda, el
oso Sirio, que todavía se encuentra en las montañas más
altas de Palestina. Los
osos tienen su área
"marcada" alrededor de
ellos que pueden defen-
der. Una vez que se ha
entrado en el espacio
crítico de un oso, se le
ha obligado a actuar.
Pero estos no son tan
territoriales, como el
león. Los osos también
practican falsos ata-
ques. Puede parecer
que está atacando, pero
no es así. La amenaza
falsa se hace en combi-
nación con otras panto-

*"Como un león rugiente y un oso hambriento"*
*Proverbios 28:15*

mimas, como crujidos, jadeos y bufidos. Dependiendo de
la situación, por lo general refleja el deseo del oso por re-
trasar o evitar la confrontación directa. Junto con las voca-
lizaciones, los osos usan ciertas posturas para comunicar
dominio o subordinación, y para expresar actitudes. Los
osos manejan sus propios recursos con persistencia, agresión y no agresión. No siempre es el tamaño lo que hace
que un oso sea más dominante que otro, sino la actitud del
oso dominante, o "alfa", quien siempre está a cargo. Los
osos comunican su dominio intimidando a su oponente.

## Domando Leones

Para someter a un oso, es necesario establecer la dominación simplemente persiguiendo al oso hasta que huya o siga su camino. Cuanto más persistente la búsqueda, más eficaz la acción.

### Ovejas y leones

*"Y dijo David a Saúl: Tu siervo solía guardar las ovejas de su padre, y cuando vino un león o un oso, y tomó un cordero del rebaño, salí tras él y lo golpeé, y libré el cordero de su boca; Y cuando se levantó contra mí, la cogí por su barba, y la golpeé y la maté."* 1 Samuel 17: 34-35

Palestina en tiempos antiguos tenía muchos leones, pero en la actualidad no se encuentran en ese país, sino que existen en el desierto en el camino a Egipto. El león de Israel era probablemente la variedad asiática, descrita por Aristóteles y Plinio, distinguido por su melena corta y rizada, y por ser más corta y más redonda en forma. Estos, empujados por el hambre, no sólo se atrevieron a atacar a los rebaños en el desierto en presencia del pastor, sino que destruyeron pueblos y aldeas, y devoraron hombres. Tanto los leones como los osos representan dominio, y agresividad. Su objetivo principal es alimentarse de aquellos animales que son débiles e indefensos. Utilizan su rugido para asustar a sus presas. De la misma manera nuestro caminar diario enfrenta crisis y conflictos que quieren destruirnos. Su propósito es traer miedo a nuestras vidas. La estrategia que la palabra de Dios nos muestra para vencer a los leones y los osos es la permanencia en la palabra, la comunión con Dios y nuestro tiempo en oración. El león y el oso también representan la carne y sus deseos. Tenemos que conquistarlos si queremos derrotar a un gigante más grande más adelante.

# Capítulo Cinco

## La Carrera

# La Carrera

## Una carrera y una batalla

El apóstol Pablo menciona en una de sus epístolas lo siguiente: *"He peleado la buena batalla, he terminado la carrera, he guardado la fe"* 2 Timoteo 4: 7

### La buena batalla

Si se hace referencia a una *"buena batalla"* es porque también hay batallas que no vale la pena luchar. Cuando el apóstol menciona una buena batalla, en su lenguaje original se refería a una batalla noble, digna de combatir. El adjetivo Kalos (bueno) no sólo significa algo hermoso, excelente, encomiable o admirable, sino también algo genuino y aprobado. Cuando alguien está haciendo lo correcto, lo genuino y aceptable, y que trae beneficios a otros, entonces está luchando la batalla correcta. La buena, genuina y aprobada batalla de la que habla el apóstol Pablo es la que menciona a su discípulo Timoteo en la primera carta que le escribió en el capítulo 6 y versículo 12: *"Pelea la buena batalla de la fe"*; La fe es una batalla. Se desarrolla por medio de una guerra. De hecho, la primera batalla del cristiano se libra en el campo de su corazón; Olvidándose de sí mismo para seguir a Cristo. Entonces Jesús dijo a sus discípulos: *"Si alguno quiere venir en pos de mí, niéguese a sí mismo, tome su cruz y sígame. Mateo 16: 24.* Esa batalla está claramente representada por Pablo, por medio de la palabra que el usa: agōn, que describe la lucha llevada a cabo en un estadio, donde la asamblea de los griegos se reunía durante sus juegos nacionales. Quien ganaba en tales juegos recibía un premio.

## Domando Leones

*"He peleado la buena batalla, he terminado la carrera..."*

Esta batalla cristiana consiste en una carrera. Aquí la palabra original en griego koiné (usada para carrera) es: dromos. Significa: Curso, ruta o dirección que tomamos en la vida. Y ese curso no es una competencia. Esta no es una carrera de velocidad.

No se trata de quién alcanza primero la meta. El que recibe un premio es aquel que pasa los obstáculos, las barreras y los impedimentos encontrados durante la ruta hacia alcanzar la meta. Es una carrera de obstáculos.

### La carrera

En la antigua Grecia, la historia de las carreras se remonta hasta el año 776 A.C. Correr era importante para los miembros de la sociedad antigua Griega, y se destaca constantemente en los documentos que hacen referencia a los Juegos Olímpicos [1]

Según la leyenda, fue Heracles (héroe divino en la mitología griega) quien primero llamó a los Juegos: "Olímpicos" y estableció la costumbre de celebrarlos cada cuatro años. [2]

El mito cuenta que después que Heracles terminó sus doce labores, construyó el estadio olímpico en honor a Zeus.

Después de su culminación, caminó en línea recta durante 200 escalones y llamó a esta distancia un *"estadio"* (griego: στάδιον, latín: estadio, "escenario") que más tarde se convirtió en una medida para la distancia.

---

1. Pausanias, "Elis 1", VII, p. 7, 9, 10; Pindar, "Olympian 10", pp. 24–77

2. David C. Young, Harold Maurice Abrahams, Olympic Games, *Encyclopædia Britannica*, March 27, 2017,

*La carrera*

La fecha de inicio más aceptada para las antiguas Olimpiadas es 776 A.C; basada en inscripciones, encontradas en Olimpia, que listan a los ganadores de una carrera pedestre, llevada a cabo cada cuatro años a partir del año 776 A.C.

La palabra "estadio" aparece en este pasaje:

*"¿Acaso no saben ustedes que, aunque todos corren en el estadio, solamente uno se lleva el premio? Corran, pues, de tal manera que lo obtengan. Todos los que luchan, se abstienen de todo. Ellos lo hacen para recibir una corona corruptible; pero nosotros, para recibir una corona incorruptible. Así que yo corro y lucho, pero no sin una meta definida; no lo hago como si estuviera golpeando el viento; más bien, golpeo mi cuerpo y lo someto a servidumbre, no sea que después de haber predicado a otros yo mismo quede eliminado." 1 Corintios 9: 24-27*

El apóstol Pablo debió haber oído, y tal vez visto, gran parte de los ejercicios atléticos que estaban en constante progreso; y posteriormente pudo haberlos recordado a menudo, especialmente en Corinto, cerca de los cuales se celebraban bienalmente los Juegos Ístmicos atrayendo visitantes de todas partes del Imperio, en Cesárea. Esta poseía un teatro, un anfiteatro y un estadio; también Éfeso. Pablo nació y creció en una ciudad greco-romana, Tarso, capital de la provincia romana de Cilicia. El helenismo fue el ambiente cultural en que vivió Pablo. Sabía hablar correctamente el griego y conocía los cánones estilísticos de la literatura helenista.

Filadelfia MS739
Panel principal:
corredor a la derecha
Fotografía de María Daniels,
cortesía del Museo de Arqueología y
Antropología de la Universidad de
Pensilvania

## Domando Leones

En el estadio, los hombres competían desnudos y las infracciones eran castigadas con latigazos. En aquellos juegos antiguos sólo los hombres libres que hablaban griego podían participar, y a las mujeres se les prohibía estrictamente intervenir. Los últimos Juegos Olímpicos de la antigüedad fueron en el año 394, ya en la era cristiana. El emperador romano Teodosio I, los consideró un espectáculo pagano, y ordenó eliminar dicha celebración.

### Carrera de obstáculos

La frase *"Todo hombre que se esfuerza en los juegos (agonizomenos) es moderado en todas las cosas"*, también alude al riguroso auto-control impuesto por el largo entrenamiento que el atleta debía practicar. El entrenamiento puede verse en la exhortación: *"Ejercítate a ti mismo (gumnaze) en la piedad" (1 Timoteo 4: 7).* También puede verse en la observación que sigue: *"El Ejercicio corporal (gumnasia) aprovecha poco". (1 Timoteo 4:8)*

Estas carreras fueron diseñadas para quebrantar a los participantes física y mentalmente. En la mayoría de las carreras, su resistencia, velocidad, fuerza y capacidad eran probadas. Como corredor se esperaba que completara una variedad de tareas, y si fallaba, habría penalizaciones *(hacer cuclillas, también conocidas como flexiones)* que hacían que la finalización fuera aún más difícil.

Nuestra carrera cristiana no es una carrera de velocidad. Sino de resistencia. No se trata de quién alcanza la meta primero, sino quién realmente llega a ella. Es una carrera personal. Una carrera contra uno mismo.

*"Aferrados a la palabra de vida, para que en el día de Cristo yo pueda gloriarme de que no he corrido ni trabajado en vano." Filipenses 2:16*

## Errores que cometemos mientras corremos

### La preparación

Uno de los mayores errores al entrar en una carrera de cualquier tipo es pasar del lugar "de relajación" a la carrera demasiado rápido. Esto puede causar lesiones. Correr más rápido causará fatiga innecesaria. Por eso la preparación es muy importante. Estamos tan emocionados y entusiasmados con nuestra carrera que hacemos demasiado kilometraje, demasiado rápido, demasiado pronto.

Tendemos a tomar decisiones basadas en nuestras emociones, y tendemos a movernos muy rápido una vez tomada esa decisión. Esto puede ser abrumador. Haciendo esto, nos paralizamos. Debemos tomar tiempo para desarrollar disciplina y fuerza.

Nuestro problema es que nos saltamos el entrenamiento, y entramos a la carrera sin estar preparados. Todo el que compite en los juegos entra en estricto entrenamiento *"Golpeo mi cuerpo y lo hago mi esclavo para que después de haber predicado a otros, yo mismo no sea descalificado"* 1 Corintios 9:27.

John Troup, un funcionario nacional de natación, hizo algunas observaciones sobre lo que se necesita para hacer una aparición en los Juegos Olímpicos:

* El competidor olímpico promedio entrena cuatro horas al día por lo menos 310 días al año durante seis años antes de tener éxito.

* A las 7:00 a.m. la mayoría de los atletas han hecho más de lo que mucha gente hace todo el día.

* Los cuatro años antes de una Olimpiada, un buceador olímpico ha practicado probablemente cada una de sus inmersiones 3.000 veces.

* Los nadadores entrenan un promedio de 10 millas por día, a velocidades de 5 mph en la piscina.

* Los corredores de maratón tienen un promedio de 160 millas por semana a 10 millas por hora.

63

## Corriendo fuera de control

Otro error que cometemos al correr nuestra carrera sucede cuando corremos cuesta abajo. Tenemos una tendencia a inclinarnos demasiado hacia adelante, sobre el paso, y quedamos sin control. Tenemos que entender que ambos: lograr velocidad y controlar velocidad son importantes. Algunas personas no saben cómo controlarse. Hay que evitar los pasos largos. Debemos desarrollar paciencia y resistencia mientras avanzamos. *"Por lo tanto, también nosotros, que tenemos tan grande nube de testigos a nuestro alrededor, liberémonos de todo peso y del pecado que nos asedia, y corramos con paciencia la carrera que tenemos por delante."* Hebreos 12: 1. La vida cristiana no es fácil. Si transcribimos la palabra griega que se usa a menudo para describirla, se representa como una carrera, una lucha, una agonía. Cuando pienses que estás perdiendo el control en medio de los problemas, es cuando empezarás a sentirte derrotado. A veces hay que aceptar que hay fuerzas más grandes en juego. Aceptar que simplemente no se puede controlar todo es una parte integral al hacer frente a las dificultades. Pero, en el otro extremo, debemos entender que si perdemos el autocontrol, entonces el fracaso está en el horizonte.

## Mirando hacia atrás

Otro error que cometemos al correr es cuando miramos hacia atrás para ver a los otros oponentes. Dos cosas suceden aquí: Primero, perdemos el foco del blanco cuando nos centramos en otros. Nuestro objetivo es Jesús. *"Mirando a Jesús, el autor y consumador de nuestra fe"* Hebreos 12: 1.

Si dejamos de "mirar a Jesús" y ponemos nuestros ojos en otras personas o blancos, entonces perderemos nuestra perspectiva. Lo segundo que sucede es que tropezamos con lo que está por delante porque no enfocamos nuestros ojos en el camino, sino que estamos mirando hacia atrás. No es importante lo que otros están haciendo. Debemos centrarnos en nuestra propia carrera. Olvidemos lo que hay detrás y sigamos hacia lo que está por delante, como dijo el apóstol Pablo.

> Hermanos, yo mismo no pretendo haberlo alcanzado ya; pero una cosa sí hago: me olvido ciertamente de lo que ha quedado atrás, y me extiendo hacia lo que está adelante; ¡prosigo a la meta, al premio del supremo llamamiento de Dios en Cristo Jesús! (Filipenses 3:13-14).

Tenemos una tendencia de concentrarnos en los logros o en los errores de otros. Pero la Biblia no nos enseña eso. Por el contrario, dice: *"¿Por qué miras la paja que está en el ojo de tu hermano, y no miras la viga que está en tu propio ojo?"* Mateo 7:3

Tendemos a pensar que la gente hace lo que hace por nosotros. Como si fuéramos su centro de atención. Y es porque en realidad son ellos nuestro punto de atención, y por eso creemos que nosotros también somos el suyo. Eso se llama: juicio. Juzgar es una conclusión que desarrollamos basados en las circunstancias que siguen nuestra propia opinión. Es la formación de una opinión a partir de las circunstancias presentadas a la mente. Cuando formamos una opinión, y basados en ella pensamos que sabemos por qué la gente hace lo que hace, no estamos juzgando correctamente. Estamos pasando un juicio incorrecto. No conocemos los corazones ni los pensamientos de las personas. Sólo Dios. Por otro lado, identificar lo que alguien hizo, no es juicio. Es mera observación. Pero cuando asumimos saber por qué las personas hacen lo que hacen, cruzamos la línea y nos convertimos en jueces. No estamos peleando una buena batalla cuando juzgamos incorrectamente a otros.

## Careciendo del combustible adecuado

Otro gran error que cometemos al correr nuestra carrera, es no beber suficiente agua. Los corredores deben prestar atención a qué y cuánto beben: antes, durante y después del ejercicio.

El agua es una de nuestras necesidades más básicas. Cincuenta a sesenta por ciento de nuestro peso es agua. Una pérdida del 20 por ciento del agua corporal total puede conducir la muerte. Es por eso que el cuerpo necesita reponer su suministro de líquido.

La sed es un mecanismo natural del cuerpo que nos alerta cuando necesitamos reponer agua. Si el volumen de agua del cuerpo disminuye por debajo de cierto umbral o la concentración de osmolitos se vuelve demasiado alta, el cerebro señala que hay sed.

Sin embargo, el Dr. Irvin Sulapas, médico de atención primaria de medicina deportiva y profesor asistente de medicina familiar y comunitaria en Baylor, dijo: *"La regla general es que, si tienes sed, ya estás deshidratado. Así que manténgase bien hidratado bebiendo mucha agua, incluso antes de comenzar su actividad al aire libre".*

De la misma manera, nuestro Ser espiritual necesita el agua viva para subsistir. Es triste cómo no valoramos las cosas que son realmente importantes para preservar la vida. La verdadera vida.

### Cisternas rotas

*»Son dos los males en que ha incurrido mi pueblo: Me han dejado a mí, que soy fuente de agua viva, y han cavado sus propias cisternas, ¡tan agrietadas que no retienen el agua!".*
*Jeremías 2:13*

Tratamos de hacer que las cosas sucedan con nuestra propia fuerza y sabiduría. Por eso nos rompemos. Cuando no sabemos el propósito y la función principal de algo, en lugar de hacer que funcione, lo estropeamos.

Con mucha frecuencia abandonamos a Dios que tiene la respuesta de todas nuestras necesidades y nos preguntamos por qué nos sentimos vacíos. En lugar de ir directamente a la fuente, tratamos de resolver el problema nosotros mismos.

El Señor es Fuente de aguas vivas. Él es la fuente que contiene dentro esta agua viva. El agua viva es un elemento que fluye y que está activo. Si el agua no está corriendo y si no fluye, se estanca. Luego desarrolla un mal olor y ya no cumple su función. El agua es nuestro combustible. Uno poderoso. Y que no acepta sustitutos.

Nada puede reemplazar el agua. Pero si el recipiente está roto, no mantendrá este valioso líquido adentro. E incluso si nuestra vasija es arreglada, reparada o remendada, esa agua tarde o *temprano se acabará.*

«Si alguno tiene sed, venga a mí y beba.”
Juan 7:37

Es por eso que necesitamos una fuente más grande y única. La fuente que crea agua viva constante. *"pero el que beba del agua que yo le daré, no tendrá sed jamás. Más bien, el agua que yo le daré será en él una fuente de agua que fluye para vida eterna." Juan 4:14*

Es imposible correr una carrera sin agua. Necesitamos el poder del Espíritu Santo dentro de nosotros, para hacerlo.

## Correr estando lesionado

*"Da la vuelta y sácame de la batalla, porque estoy herido."* *1 Reyes 22:34*

Un error que se comete durante una carrera, es correr mientras se está lesionado. El corredor debe llegar a la meta sano y confiado. No es prudente correr con una rodilla o un pie dañado. Si no cuidamos nuestras heridas, empeorarán. Cualquiera puede fallar una prueba, o caer en tentación porque por naturaleza somos imperfectos. Es el Perfecto en nosotros quien nos hace mantenernos de pie. Pero debemos reconocer nuestras heridas. Debemos reconocer que estamos necesitados. Cuando aceptamos nuestra debilidad, entonces podemos aceptar la ayuda de Dios.

"Mas él herido fué por nuestras rebeliones, molido por nuestros pecados: el castigo de nuestra paz sobre él; y por su llaga fuimos nosotros curados. Isaías 53:5

*"Yo soy pobre y necesitado; pero el Señor piensa en mí. Tú eres mi ayuda y mi libertador; No te demores, Dios mío." Salmo 40:17*

Esta es una carrera de fe. La fe se fortalece en medio de los problemas, pero también se debilita cuando nuestro corazón se lastima. El enemigo lo sabe. Es por eso que el 90% de sus armas apuntan a nuestros corazones. Cuando tenemos el corazón quebrantado, nuestros cuerpos se debilitan también y desarrollan enfermedades. Es por eso que debemos tomar el tiempo necesario para sanar adecuadamente. De lo contrario, afectaremos a los demás con nuestra amargura. Muchas personas no toman tiempo para sanar y quieren continuar el ministerio, el servicio, el matrimonio, las relaciones, etc., como si nada hubiera sucedido. Debemos correr al Señor y dejar que Él nos cure.

*"El Señor está cerca, para salvar a los que tienen el corazón hecho pedazos y han perdido la esperanza." Salmo 34:18*
*"El sana a los quebrantados de corazón y les venda sus heridas." Salmo 147:3*

Jesús dijo: «*El Espíritu del Señor está sobre mí, porque me ha consagrado para llevar la buena noticia a los pobres; me ha enviado a anunciar libertad a los presos y dar vista a los ciegos; a poner en libertad a los oprimidos"*
*Lucas 4:18*

"El resentimiento es como tomarse uno el veneno esperando que sea la otra persona quien muera."
— St. Agustín de Hipó

## Corriendo sin huir; Corremos hacia la meta

Como vimos anteriormente, nuestra carrera no se debe a que estamos huyendo de algo, sino porque estamos yendo hacia una meta.

No somos cobardes. El Señor no nos creó con un espíritu de cobardía. *"Porque Dios no nos ha dado un espíritu de cobardía (deilia: cobardía, timidez), sino de poder, de amor y dominio propio." 2 Timoteo 1:7*

Aunque nuestra naturaleza de ovejas nos impulsa a correr en medio de los problemas y a huir de ellos... el diseño primario que Dios nos dio desde el principio, fue diferente.

Ese diseño fue distorsionado debido a nuestra naturaleza pecaminosa.

# Capítulo Seis

## El Campo de Batalla

# El Estadio

## Nuestro campo de batalla

*"...derribando argumentos y toda altivez que se levanta contra el conocimiento de Dios, y llevando cautivo todo pensamiento a la obediencia a Cristo" 2 Corintios 10:5*

Cada cristiano tiene una guerra por luchar. En realidad, cada persona se involucra en batallas personales. La diferencia es que un cristiano nacido de nuevo sabe que sus enfrentamientos no son contra la gente. Su lucha no es contra la carne y la sangre. Estos dos elementos nos hacen humanos. La guerra comienza en nuestras mentes. Nuestra mente se convierte en un campo de batalla. El enemigo sabe que si invade su mente con un pensamiento, puede desarrollar un plan y puede ejecutarlo. Pero, de que vale hacer cambios externos temporales si no hay cambios internos en nuestra manera de pensar y actuar?

Un indio Cheroke nos dijo algo muy sabio una vez. *"El corazón de un hombre malvado es como una manzana golpeada, muy roja y apetitosa en el exterior, pero negra por dentro."* Debemos tener cuidado de no ser manzanas golpeadas. Tenemos que proteger nuestros corazones. *"por sobre todas las cosas, guarda tu corazón con toda diligencia, porque de él mana la vida." Proverbios 4:23*

Tanto en hebreo como en griego, la palabra corazón significa mente; y es la fuente y sede de los pensamientos, pasiones, deseos, apetitos, afectos y propósitos. Si no protegemos nuestros pensamientos, dañaremos nuestro corazón.

Si la fe viene por oír la palabra de Dios; el desánimo y la duda vendrán si prestamos atención a fuentes que no son de Dios.

El tipo de palabras a las que prestemos atención influirán en nuestro pensamiento. Las palabras son poderosas.

Hay gente que presta atención a demasiadas noticias. Y como todos sabemos, el 90% de las noticias vienen con contenido negativo y malo. Entonces te conviertes en lo que oyes. Si usted está cerca de personas de fe, comenzará a actuar como una persona de fe. Pero si está alrededor de personas negativas, usted terminará siendo como uno de ellos.

### ¿A quién escuchas?

*"Una mujer tenía un flujo de sangre por doce años, y había sufrido muchas cosas de muchos médicos. Había gastado todo lo que tenía y no mejoraba, sino que estaba peor." Marcos 5:25*

Durante doce años esta mujer había estado escuchando un mal informe de sus médicos. De hecho, ninguno de ellos pudo encontrar una cura para su enfermedad.

Los médicos dan diagnósticos y basan sus informes en lo que ven. Pero la fe está convencida de lo que no podemos ver. Aunque nos veamos empeorando, debemos vernos mejorando. Eso es fe. La fe es superar el pensamiento negativo cuando trata de llegar a nuestra mente. La persona que confía en el Señor no tendrá miedo de malas noticias. *"Los justos estarán en el recuerdo eterno. No temerá las malas noticias; Su corazón es firme, confiado en el SEÑOR. Su corazón está establecido; No tendrá miedo" Salmo 112: 7-8*

Malas noticias vendrán a nuestras vidas, eso es inevitable. El problema está cuando tememos. El miedo nos hace perder nuestra cordura. El miedo es lo que nos hace cometer errores. Atraemos enfermedades y tragedias debido a nuestros propios miedos. Los temores se alimentan escuchando las cosas equivocadas.

### "Cuando oyó hablar de Jesús"

La mujer que tenía ese flujo de sangre, comenzó el proceso de su milagro, cuando oyó hablar de Jesús (Marcos 5:27). Ahora permítame preguntarle: ¿A quién escucha usted? ¿A quién presta toda su atención y credibilidad? Deje de escuchar lo que no beneficia o lo que no da fruto. Si lo que está escuchando no está edificando o levantando su fe, bloquéelo. Elimine ese pensamiento y no lo riegue. Los pensamientos son semillas que buscan un terreno fértil donde echar raíces. Ese terreno es la mente. Y después de ser plantado incorrectamente, se convertirá en el anfiteatro donde se desarrollarán las batallas más fuertes. Y es cuando el enemigo toma asiento, entreteniéndose con las luchas de la gente. No convierta su mente en una arena de circo. Aunque la vida cristiana no es fácil, no debemos concentrar nuestra fuerza en las cosas que nos hagan ser el centro de atención. Jesús debe ser el centro... no nosotros. Así que, si te dijeron que venir a Cristo es fácil, te mintieron. Porque en realidad el camino cristiano exige que uno se niegue a sí mismo y crucifique día a día sus propios deseos. Habrá situaciones en las que tendrá que luchar por usted mismo como parte de esta nueva caminata, pero habrá otras veces en que topará con batallas innecesarias que drenarán su energía y le alejarán de su propósito en Dios. No va a ser fácil. Pero tenemos una promesa en Él de que Él cuidará de nosotros. Mi esposo Jorge siempre dice: *"Dios no anda buscando necesitados para hacerles un favor. Él está buscando administradores para poner en ellos Sus riquezas."* Él quiere poner riquezas en sus manos, pero si no sabe cómo manejarlas, se perderán.     75

Estas riquezas no son sólo materiales, sino emocionales y físicas. Esta mujer de la historia decía: «*Si toco tan sólo su manto, seré salva.» Inmediatamente la fuente de su sangre se secó, y sintió en el cuerpo que estaba sana de su azote. Luego Jesús, conociendo en sí mismo el poder que había salido de él, volviéndose a la multitud, preguntó: —¿Quién ha tocado mis vestidos?"* Marcos 5:28

Dios sabe cuándo alguien se acerca a Él con fe y ha recibido una descarga de Su poder.

## Grandes cosas empiezan siendo pequeñas

Todas las grandes cosas, los mejores planes, los asombrosos castillos, las mejores estrategias, empezaron con una idea. Una idea es algo pequeño, que cuando se alimenta, crece. Hay buenas ideas pero también las hay malas. Ambas son ideas. Ambas son pensamientos.

El pensamiento es poderoso. Ahí es donde se ganan o pierden grandes batallas. Son los pensamientos los que conforman los planes y las estrategias.

Por eso no menosprecies un comienzo pequeño. Porque si perseveras: *"Aunque tu principio fue pequeño, tu último fin se multiplicará."* Job 8: 7

Algunas cosas crecen para bien y otras para mal. Lo que las hace buenas o malas al final es la semilla plantada al principio. Nuestros pensamientos son semillas. Pueden ser plantadas por nosotros mismos, por Dios o por el enemigo. Por eso debemos pedir discernimiento cuando se trata de alojar semillas, pues todas producirán algún tipo de fruto. Las semillas plantadas y nuestro propio pensamiento son el producto de una inversión de tiempo, dinero y esfuerzo. ¿Dónde está invirtiendo su tiempo, dinero y esfuerzo?

Lo que lees, ves o experimentas se convierte en ideas, luego en argumentos y finalmente en un estilo de vida.

*"He aquí, el impío produce la iniquidad; Sí, él concibe angustia y trae falsedad. "* Salmo 7:14

Nuestras mentes son capaces de concebir. Si pueden concebir, pueden lograr algo. Si semillas corruptas son plantadas y regadas, el producto será corrompido. Si los pensamientos sanos son arraigados, llegarán a un final saludable.

Pero, nada cambiará en tu vida a menos que pongas ese pensamiento en práctica tomando acción. Aquí es donde está la verdad. Si no haces nada con esos pensamientos... seguirán siendo pensamientos. El problema es cuando no sólo los tomamos y los plantamos, sino que los regamos y los cuidamos. Algunos de nuestros pensamientos son profundos y tal vez no podemos distinguirlos, debido a nuestros pecados. Realmente me gusta cómo el Dr. Franklin E, Payne (profesor en el Colegio de Georgia) utiliza el término: conciencia periférica, en lugar del "inconsciente". La "conciencia periférica" sitúa todo el conocimiento personal en un plano liso. El enfoque y la claridad de la comprensión se convierten en los problemas, más que en una falsa noción de "profundidad". La conciencia periférica puede compararse con la visión periférica, donde vemos claramente lo que está en el centro de nuestro enfoque y el entorno cercano a ese centro. Entre más alejado del campo de visión, más borrosos los objetos. Para ver estos objetos claramente, tenemos que enfocar nuestra visión en ellos. El error de los psicólogos es excusar las acciones presentes de sus pacientes debido a su pasado. La Biblia en ninguna parte excusa al pecador de su responsabilidad personal. Poner la culpa en el pasado, en su "inconsciente", es un método con el cual las personas han excusado a veces su pecado.

## Domando Leones

*"Escudríñame, oh Dios, y conoce mi corazón (pensamientos y sentimientos más profundos). Pruébame y conoce mis pensamientos, y Ve si hay en mí camino de perversidad (daño), y guíame en el camino eterno."* Salmos 139: 23-24 *»Engañoso es el corazón más que todas las cosas, y perverso; ¿quién lo conocerá? ¡Yo, el Señor, que escudriño la mente, que pruebo el corazón, para dar a cada uno según su camino, según el fruto de sus obras!»* Jeremías 17: 9-10

Del Señor provienen los pensamientos e ideas asertivas. Cuando un pensamiento asertivo llegue a su mente, no lo pelee. Abrácelo. Haga un plan y sígalo. Sea persistente. Sea consistente en ello. *"Tu mantendrás en perfecta paz, a aquel cuya mente (* יֵצֶר *yester: pensamientos, imaginación, marco intelectual) en Ti persevera, porque en Ti ha confiado. Isaías 26: 3*

### Pensamiento mixto

Nosotros, como seres humanos, también cometemos el error de mezclar nuestros pensamientos. Los conformamos, pero no los identificamos correctamente. Y lo que creemos que es una cosa buena, resulta en algo que no lo es. *"No sembrarás tu viña con semillas diferentes, para que el fruto de la semilla que has sembrado y el fruto de tu viña no se contaminen."* Deuteronomio 22: 9

Nuestra mente es como una viña. Es un viñedo que estamos cultivando constantemente, incluso sin darnos cuenta de ello intencionalmente. La confusión trae la duda y la duda trae destrucción. Cuando mezclamos ideas y pensamientos, los malos y los buenos, el final estará contaminado y estropeado. Se necesita sólo un pequeño pensamiento malo para que termine en una pequeña mala decisión, suficiente como para dañar nuestra vida. *"Las moscas muertas hacen heder y corrompen el perfume del perfumista; así es una pequeña locura al que es estimado como sabio y honorable."* Eclesiastés 10: 1

## Cuando usted mismo se coloca en el Campo

El enemigo quiere luchar contra usted, sabiendo que usted ya es el ganador. Pero mientras no sea usted quien reconozca ese hecho, usted mismo se pone en la arena de la batalla, y el enemigo está listo para atacarle.

Desde el Jardín del Edén, *"esa serpiente antigua, llamada Diablo y Satanás"*, comenzó una influencia y distorsión del pensamiento humano que todavía afecta a la humanidad hoy (Apocalipsis 12: 9). Después de ser engañada, Eva persuadió a Adán de que los dos eran capaces de decidir lo bueno y lo malo por sí mismos. Por eso escogieron comer del fruto del conocimiento (discernimiento) del bien y del mal. *"Que nadie diga que cuando es tentado, 'es tentado por Dios'; Porque Dios no puede ser tentado por el mal, ni tampoco él mismo tienta a nadie"* *(Santiago 1: 3)*. Satanás es el tentador.


## El pensamiento egoísta nos lleva a una vida corrupta

¿Permitirás que las influencias de Satanás en la sociedad controlen y corrompan tus creencias y convicciones personales? Un modelo sobresaliente de pensamiento claro y llano es el ejemplo personal de Jesucristo.

*"Deja que esta mente esté en ti, que también lo estaba en Cristo Jesús"*, escribió Pablo (Filipenses 2: 5). Él amonestó: *"No se haga nada por ambición egoísta o presunción, sino en humildad de ánimo que cada uno estime a otros mejores que él mismo. Que cada uno de ustedes mire no sólo por sus propios intereses, sino también por los intereses de los demás "*(versículos 2: 3-4). Un pensamiento claro y sano pone la preocupación por los demás como una prioridad, al mismo nivel que la preocupación por uno mismo. Se basa en el amor genuino por los demás.

## La batalla de nuestra mente está por comenzar

El enemigo puede hacerte creer algo malo y hacerte esclavo de ese pensamiento por el resto de tu vida. Al plantar los pensamientos equivocados, él hará que usted los crea y comenzará a vivir por ellos. Si logra atormentarte, logrará esclavizarte. Y al ser esclavo, entrarás en el estadio creyendo que ya eres un perdedor. La batalla de nuestra mente está lista por comenzar. Por eso recuerde lo que Dios ha dicho: *"Porque mis pensamientos no son tus pensamientos, ni tus caminos mis caminos dice el Señor." Isaías 55: 8.* Entonces, en lugar de poner en tu mente los pensamientos del diablo, ponga los pensamientos de Dios.

### El camino hacia una mala decisión

*"Entonces Satanás entró en Judas, llamado Iscariote, que fue contado entre los doce. Así que se fue y confesó a los principales sacerdotes y capitanes, cómo podía traicionarlo (a Jesús)."*
*Lucas 22: 3-3*

Judas era una de las doce personas más cercanas a Jesús. Y el enemigo entró en él. ¿Cómo? A través de su mente y plantando un pensamiento. Cuando la Biblia dice *"entró en Judas"* la palabra usada es la palabra griega: εἰσέρχομαι eiserchomai y significa: pensamientos específicos que entran en la mente. El enemigo vendrá a ti tratando de persuadirte con una idea. Él vendrá con una sugerencia sutil. De una manera muy delicada e incluso insignificante. Todo lo que el diablo tuvo que hacer fue hacer una insinuación y luego la entrada de los pensamientos en su mente comenzó porque les dio permiso para entrar por esa puerta.

Cuando no aceptamos los pensamientos del diablo, cerramos la puerta en su rostro. Date cuenta, Manténlo afuera... no lo dejes entrar a tu mente.

Escuché a un maestro decir una vez: *"puedes tener el cielo en tu corazón y el infierno en tu mente"*.

Si deja que el enemigo le convenza en su mente, experimentará tristeza, ruina y pobreza a tu alrededor y alrededor de tu familia. Coloque los pensamientos de Dios contra los del diablo y déjelos enfrentarse el uno al otro. Es cuando comenzará el argumento. Un argumento es una oposición verbal; una discusión que implica diferentes puntos de vista; un debate. Entonces usted elige y toma una decisión. El propósito del enemigo es cegar su mente a través de la falta de fe. Si puede hacerlo dudar, puede cegarlo. (2 Corintios 4: 4) La luz del evangelio brilla en usted. Una vez que elige los pensamientos de Dios, la ansiedad se va y su mente está protegida por Su paz.

Un solo pensamiento es suficiente para estropear el plan de Dios en su corazón. Pero también un solo pensamiento correcto le hará libre. Hasta que no reemplaces tu pensamiento equivocado con las palabras correctas de Dios, seguirás estando en cautiverio.

# Capítulo Siete

## La Batalla

# La Batalla

*"Renuévense en el espíritu de su mente" Efesios 4:23*

Hay una creencia equivocada que ha atado a muchas personas en el pasado y que continúa atándolas en el presente. Es la creencia de que Dios tiene que hacer todo por ellos. Una de las cosas que pensamos que es Dios quien debe hacer totalmente, es cambiar nuestra mente. Una cosa es limpiar y escudriñar la mente (eso si lo hace Dios) y otra muy diferente es la de renovarla.

La renovación de la mente es una batalla personal que todo cristiano debe realizar de manera activa e intencional. Y digo, "debe", porque no es una sugerencia, sino un mandato dado por Dios. "Renuévense" o "sean renovados". En el texto original este verbo se encuentra en tiempo presente; lo que indica un proceso en curso. Por lo tanto, es una acción continua. Aparece en voz pasiva e infinitiva. La voz pasiva se refiere al destinatario de la acción (Dios en nosotros). Sin embargo al ser imperativa la acción, es algo que también requiere un acto de nuestra propia voluntad. Indica que no estamos totalmente pasivos en el proceso. Esta frase *"sean renovados, o renuévense"* aparece solamente una vez en el Nuevo Testamento.

Ponemos mucha información basura en nuestra mente, y eso es lo que la daña. Alimentamos nuestra mente de cosas vanas y sin contenido. La Biblia lo pone así: *El corazón entendido tiene hambre de saber; la boca del necio se alimenta de tonterías." Proverbios 15:14* ¿Cómo logramos renovar nuestra mente? ¿A qué se refiere el apóstol Pablo en la carta a los Efesios? En realidad, es un intercambio. Hay que quitar algo y sustituirlo con algo mejor.

La respuesta la encontramos en la carta que el mismo apóstol escribió a los romanos. Veamos el Capítulo 12 del libro a los romanos, el versículo 2: *"No se conformen a este mundo, sino transfórmense por medio de la renovación de su entendimiento, para que comprueben cuál es la buena voluntad de Dios, agradable y perfecta."*

## Un Proceso en la vida del cristiano

Romanos 12:2 nos indica la manera en que todo cristiano debe renovar su mente. En este pasaje podemos ver claramente varios pasos hacia el proceso de renovación. Vamos a analizar cada uno de ellos con detenimiento. El primer paso del proceso es la No conformación. Usualmente significa detener un acto ya en proceso. La palabra Koiné usada aquí para "conformar" es συσχηματίζω syschēmatizō. Significa: Tomar la forma de la mente y el carácter de uno y seguir el patrón de otro. Formar un esquema de pensamiento. Es querer amoldarse a una moda, o a la manera de pensar o actuar de otro. Por lo tanto, el primer paso es dejar de tomar la forma que ofrece el mundo con respecto a maneras de actuar y pensar. No porque algo esté de moda, significa que es lo correcto por hacer. No porque muchos lo hagan quiere decir que sea aprobado por Dios. De hecho, muchas cosas que Dios aprueba, son llamadas por el mundo "una locura". Lo primero que Satanás hizo con Eva, en el jardín del Edén, fue plantar y moldear una idea retadora en su mente. *"Conque Dios les dijo que no comieran de ningún árbol?"* Y luego lanzó una semilla de duda con respecto a lo que Dios había dicho originalmente: *"No morirán"*. Eva conformó su mente a lo dicho por la serpiente, dejando a un lado lo dicho por Dios.

Hoy en día muchos te dirán: "*¿Con que Dios no te deja hacer esto y aquello?*" "*Eso no es pecado; si es bueno a la vista, no puede ser pecado*". Cuando el enemigo venga a plantar un pensamiento así en tu mente, recuerda lo escrito en 1 Corintios 10:23: "*Todo me es lícito, pero no todo **conviene**; todo me es lícito, pero no todo edifica.*"

### Transformación

Una vez que evitamos conformar nuestras mentes a lo que el mundo dicta, viene la primera parte del proceso hacia la renovación. La transformación. "*No se conformen a este mundo, sino transfórmense*"

Esto es una orden. La manera en que está escrita esta orden implica una acción presente, pasiva e imperativa. "*continúen ustedes transformándose*". "*continúen siendo transformados.*" De nuevo, cuando hablamos a nivel lingüístico de que una acción es pasiva, quiere decir que el individuo a quien se le está hablando es quien realiza la acción.

Lo que quiere decir que nosotros también somos responsables de transformar nuestra mente. Pero ¿cómo?

La respuesta es evidente en la Escritura. Cuando escudriñamos la manera y el uso de las palabras escritas, descubrimos lo que verdaderamente Dios quiere indicarnos. "*No se conformen* (syschḗmatizo) *a este mundo, sino transfórmense μεταμορφόω metamorphoō* " Aquí comienza el proceso llamado Metamorfosis, en la mente del ser humano. La palabra metamorfo significa cambiar significativamente la forma de algo por medio de un proceso. Cambiar y transformar completamente la apariencia y el carácter. Ir más allá de la forma anterior.

## La metamorfosis de la mariposa

El ciclo vital completo de una mariposa es conocido como "generación" y consta de 4 etapas. (huevo, oruga, crisálida, adultez)  Es durante la fase de la crisálida, donde se lleva a cabo la "metamorfosis". Duran-

huevo

orugas

crisálida o pupa

adulto o imago

te la cual, la mariposa permanece inmóvil, sin alimentarse. Primero, la oruga se auto-digiere, liberando enzimas para disolver todos sus tejidos.  El viejo cuerpo de la oruga se rompe y se convierte en algo nuevo. Que lección más profunda por aprender.  Durante el cambio de nuestra mente, nosotros mismos somos responsables de "auto-digerirnos".  Yo diría, auto-deshacernos.

Deshacer nuestras antiguas ideas y estructuras mentales no es fácil, conlleva mucho trabajo y esfuerzo. Una vez que una oruga se ha desintegrado, todos sus tejidos utilizan ese líquido o "sopa" rica en proteínas para alimentar la rápida división celular necesaria para formar las alas, antenas, patas, ojos,  y todas las otras características de una mariposa o polilla adulta. Un estudio incluso sugiere que las polillas recuerdan lo que aprendieron en el capullo durante etapas posteriores de sus vidas como orugas. (1) De alguna manera, este proceso en la vida del cristiano, marcará el resto de su caminar de fe.

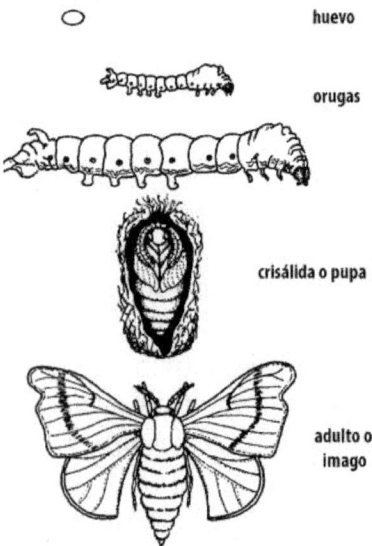

---

1. *Blackiston DJ, Silva Casey E, Weiss MR (2008) Retención de la memoria a través de la metamorfosis: ¿puede una polilla recordar lo que aprendió como una oruga? PLoS ONE 3(3): e1736. https://doi.org/10.1371/journal.pone.0001736*

Los insectos que sufren metamorfosis completa experimentan enormes cambios tanto en la morfología como en su estilo de vida. De la misma manera, el hombre que sufre una "metamorfosis de su mente y corazón" presenta cambios externos e internos.

Observar esta metamorfosis es difícil; y molestar a una oruga dentro de su capullo o crisálida arriesga el proceso de transformación. De la misma manera, debemos cuidar nuestro corazón de los nuevos ataques que se reciban durante esta etapa. A cierto punto, la mariposa tiene un forcejeo que la lleva a desechar la antigua cubierta de la larva, dando paso a la formación de la crisálida (blanda al principio y luego endurece). Sucede lo mismo con la "generación" o "transformación" de nuestra mente. Van a existir forcejeos y luchas internas pero que conllevan a la formación de un nuevo pensamiento.

## La Luz

Las alas de mariposa, son únicas. Sus alas aumentan los efectos de la iridiscencia porque tienen muchas capas más para que pase la luz. Esto significa que hay muchas más oportunidades para que las ondas de luz se reflejen entre sí. La luz hace que su color sea magnificado. Las alas de mariposa están cubiertas por miles de escamas microscópicas, divididas en dos o tres capas. Cada escala tiene varias capas separadas por aire. Cuando la luz golpea las diferentes capas del ala de mariposa, provoca los colores muy intensos que se ven en muchas especies. La luz de la palabra de Dios en nosotros hace que mostremos colores hermosos, señalando el cambio.

## El caso de la Perla

Las perlas son producidas por un molusco dentro de su concha. ¿Sabía usted que cualquier molusco que produce una concha es también capaz de producir una perla? Sin embargo, las perlas naturales son raras, encontradas quizás en uno de cada 10,000 animales. Al contrario de la creencia popular, las perlas casi nunca son el resultado de la intrusión de un grano de arena (material inorgánico) en la concha de una ostra. Una perla se forma cuando un irritante orgánico queda atrapado en el molusco. Un irritante orgánico puede ser resultado de una herida o un parásito que se ha introducido en la concha. El animalito siente el objeto extraño y entonces lo abriga con dos materiales: un mineral y una proteína — produciendo así la sustancia llamada el nácar. Básicamente el molusco está "llorando" y sus lágrimas son de nácar. Le toma a una ostra desde unos meses hasta muchos años el formar una perla, según su tamaño. Por ejemplo, la Ostra de Perla Negra forma unas siete capas de nácar por día. Muchas veces nos tomaremos años en cubrir una herida o resolver un conflicto, pero una vez que lo hacemos el resultado final es maravilloso. Los conflictos nos hacen más fuertes. Las crisis son necesarias en la vida. Es maravilloso analizar la transformación de un "irritante orgánico" en una perla, como algo tan molesto, dando forma a algo tan bello.

## ¿Y qué de la renovación del águila?

Existen muchos mitos que durante los años se han mantenido, concernientes al comportamiento de las águilas. Siempre creí que estas sufrían una renovación, al llegar a determinada época de su vida. Una vez leí que las águilas se arrancaban el pico, las uñas y las alas y esperaban en la cúspide de la peña hasta ser renovadas de nuevo, una vez que llegaban a los 40 años. Cuando intenté buscar más información basada en estudios del reino animal, en realidad, no pude encontrar ninguna prueba o investigación seria al respecto.

Quienes escribieron acerca del "renacimiento del águila" lo hicieron con la intención de animar y presentar de una manera literaria, a través de la vida del águila, consejos para una vida que enfrenta obstáculos. Una manera motivacional muy bonita de alentar a alguien; una manera metafórica de inspirarnos, pero falsa. De hecho, el pico y las pezuñas del águila crecen constantemente porque están hechas de queratina. Sin embargo, sí confirmé que las águilas renuevan la mayoría de sus plumas cada año y mantienen una sola pareja de por vida, que son excelentes padres y que su fuerza a la hora de levantar su presa es formidable. Un águila vive hasta 29 años. Algunas han llegado a los 35 años.

La Biblia no dice que las águilas renuevan sus fuerzas. Dice que *"los que confían en el Señor recobran las fuerzas".* Y es entonces donde aparece una comparación: *"y levantan el vuelo, como las águilas; corren, y no se cansan; caminan, y no se fatigan."* Isaías 40:31

## Renovación

*"Por eso, deben ustedes renunciar a su antigua manera de vivir y despojarse de lo que antes eran, ya que todo eso se ha corrompido, a causa de los deseos engañosos. Deben renovarse espiritualmente en su manera de juzgar, y revestirse de la nueva naturaleza, creada a imagen de Dios y que se distingue por una vida recta y pura, basada en la verdad." Efesios 4:22-24*

Ahora es cuando entramos en materia. ¿Cómo realizaremos este proceso en nuestras vidas? ¿Cuál es la manera práctica, real que debemos seguir para lograrlo? Solamente analicemos este pasaje minuciosamente. Allí está todo. *"Por eso, deben ustedes renunciar a su antigua manera de vivir"* Tenemos que renunciar a nuestro pasado. Quemar todo puente que nos comunique a él. Muchas personas están en el presente, pero viviendo en el pasado. Lo que sucede es que traen a su memoria todos los recuerdos, episodios y prácticas que solían realizar. Mientras continuemos atados al pasado, continuaremos obrando de la misma manera. Terminamos en un ciclo, repitiendo un patrón de vida.

Por eso, debemos apartarnos de todo lo que nos incite a regresar a nuestra pasada manera de vivir. *"Despojarnos de lo que antes éramos"* Una vez que nos apartamos, debemos despojarnos.

Hay que despojarse de los deseos engañosos. Debemos quitarnos de encima los pensamientos que desean lo prohibido, todo pensamiento que genere en nosotros un deseo fuerte inmanejable. Deseos de poder, deseos de control, deseos de lujuria, deseos de mentir, deseos de hacer daño, deseos negativos.

*"Deben renovarse espiritualmente en su manera de juzgar"; "transfórmense por medio de la renovación de su entendimiento" (Romanos 12)*

El corazón del proceso que hemos iniciado es lo que la Biblia llama: ἀνακαίνωσις anakainōsis. Es un proceso de regeneración. La regeneración y la renovación pertenecen sólo a Dios. Este es el proceso donde realizamos un cambio completo para bien, para lo mejor. Es cuando surge algo nuevo. Nacemos otra vez y rejuvenecemos. No se trata solamente de cambiar un comportamiento, sino tener un cambio de corazón.

*"No te extrañes de que te diga: "Todos tienen que nacer de nuevo." Juan 3:7* (Y esto nada tiene que ver con la mentira religioso-filosófica de la reencarnación)

Después de que nacemos de nuevo, aun parecemos iguales en el exterior, pero Dios dice que somos nuevas criaturas, completamente diferentes y cambiadas en el interior. De hecho, la frase "nacer de nuevo" significa "nacer de arriba". *"Nuestro hombre interior se renueva día a día." Colosenses 3:10* Es el acto de recuperar el diseño original de Dios. Por medio de la renovación de nuestro entendimiento también tendremos la capacidad de conocer la voluntad de Dios para nuestras vidas en todo momento. Entendiendo que la voluntad de Dios tiene tres características extraordinarias: Es buena, es perfecta y es agradable.

### Renovar la mente desocupa el campo de batalla

El campo de batalla queda inutilizado para el enemigo una vez que renovamos nuestra mente.

Dios espera que desarrollemos el mismo tipo de mente que tiene Cristo. (1 Corintios 2:16) La mente de Cristo encierra diferentes atributos y es descrita en la Palabra bajo los siguientes términos:

1- **Mente espiritual** (1 Corintios 2:16) es la que piensa en los demás primero y luego en sí mismo.

2- **Mente renovada** (Rom.12:2, Ef.4:23) Consiste en reemplazar las obras de la carne con el fruto del espíritu. Es la mente del que ha nacido de nuevo.

3- **Mente modesta y moderada** (Romanos 12:16) No teniendo un entendimiento ni opinión de uno mismo más allá de lo que realmente es.

4- **Mente Persuadida** (Romanos 14:5) La mente persuadida o convencida es la que lleva a cabo y a cabalidad un trabajo específico. Es la que hace que una cosa se muestre al máximo. Es la mente la que es capaz de llevar una tarea hasta el final. Cumplir. También es la mente de quien está plenamente convencido o asegurado.

**1 CORINTIOS 2:16**

Sin embargo, nosotros tenemos la mente de Cristo

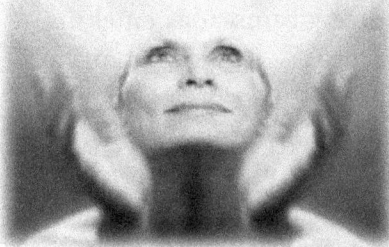

5- **Mente dispuesta y preparada** (2 Corintios 8:12, 19; 2 Corintios 9:2) Urgida de realizar una labor. Preparada para actuar.

6- **Mente unificada** (Romanos 12:16, 2 Corintios 13:11) La que hace que varias partes se conviertan en una sola unidad. Consolida ideas y las fusiona en una sola. Es la mente de quienes aprenden a trabajar en equipo.

7- **Mente humilde** (Hechos 20:19) Teniendo una opinión humilde y modesta de uno mismo. Un sentido profundo de humildad, sin orgullo falso. Es la mente que reconoce las cualidades reales de uno mismo, sin pretender estar encima de los demás ni tampoco aparentar estar debajo.

## Cómo promover la renovación de la mente

**1- Pase tiempo con Dios.** ¿A quién o a qué dedica su tiempo? Planee su día cuidadosamente de tal manera que siempre tenga un tiempo para comunicarte con Dios y recibir instrucción por medio de Su palabra.

**2- Deshágase de todo peso y de todo pecado que le oprime.** *"Por tanto, nosotros también, teniendo en derredor nuestro tan grande nube de testigos, despojémonos de todo peso y del pecado que nos asedia, y corramos con paciencia la carrera que tenemos por delante," Hebreos 12:1* No invierta su energía ni tiempo en aquello que no tiene solución, o que no le brinda edificación. Si continua alimentando su mente con la comida errónea, al final le sobrevendrá una desnutrición severa.

**3- Cuide su cuerpo porque es el templo del Espíritu Santo.** El Espíritu de Dios no habita en templos hechos por manos de hombres. Ahora usted es el tabernáculo donde Dios mora. Usted es un espíritu, que tiene un alma y que vive en un cuerpo. El espíritu del hombre es la parte más fuerte de él. La verdad de esa afirmación está probada por el dilema del hombre no regenerado de Romanos 7. A él se le ha dado la Ley escrita de Dios; la entiende en su alma lo suficiente como para tratar de obedecerla, pero descubre que no puede. ¿Por qué no? Porque hay algo en su esencia que es más fuerte que su alma (sentimientos y emociones). En su esencia es un espíritu. La parte de nosotros que es generada de Dios es nuestro espíritu. Es el espíritu el que nos da la vida... ¡no el alma!

Adán se convirtió en un alma que estaba viva por el poder del espíritu de Dios inspirado en él (Génesis 2: 7) Cuando nacemos de nuevo, el espíritu de Dios ocupa ahora un lugar dentro de usted. El compartimiento más sagrado.

*¿Acaso ignoran que el cuerpo de ustedes es templo del Espíritu Santo, que está en ustedes, y que recibieron de parte de Dios, y que ustedes no son dueños de sí mismos?*
*1 Corintios 6:19*

**4- En vez de enfocarse primero en un cierto comportamiento que queremos cambiar, primero debemos abordar la cuestión interna del corazón detrás del comportamiento.**

Todo comportamiento tiene una raíz interior que es lo que produce dicho comportamiento. Una persona puede mostrarse agresiva y gritar (comportamiento) pero en realidad la raíz de esa agresión es un miedo a ser herido o rechazado (corazón). Es como una pared de autodefensa, puesta para protegerse. Así, que antes de ser heridos...reaccionamos, hiriendo primero.

**5- Únase a un grupo que pueda ayudarle en su proceso de transformación. Un pequeño grupo puede hacer grandes cosas en su proceso de cambio.**

**6- Analice sus relaciones interpersonales.** Relaciones tóxicas, generan resultados fatales. Corta por lo sano. Corta toda relación en la cual no percibas fruto ni retribución sana. Manténgase alejado de las personas: que juzgan, critican, son controladores, envidian, mienten, son arrogantes, chismosos y de quienes siempre se hacen las víctimas.

**7- Analice sus hábitos y costumbres.** Si una costumbre o hábito hace que usted pierda el rumbo, el enfoque, la sanidad, el dinero, el tiempo y el gozo, es muy probable que dicha costumbre esté dañando su vida. *"Todo me está permitido, pero no todo me conviene. Todo me está permitido, pero no permitiré que nada me domine."* 1 Corintios 6:12 Hay cosas que simplemente no edifican y no traen ningún provecho. Lo mejor es cortarlas.

## Destruyendo Fortalezas

*"porque las armas de nuestra milicia no son carnales, sino poderosas en Dios para la destrucción de **fortalezas**,"* 2 Corintios 10:4

Cuando inicia el proceso de transformación, también inicia el proceso de destrucción de fortalezas.   Para llevar a cabo esta destrucción, no podemos hacerlo en nuestra propia fuerza. Esa fuerza se deriva sólo de Dios. Estas fortalezas, bíblicamente hablando son "fortalezas mentales".

(ὀχύρωμα **ochyrōma**) Estas fortalezas son los argumentos y razonamientos por los cuales el enemigo fortalece su opinión y la defiende contra nosotros. Produce un bloqueo mental. Pablo está hablando de pretensiones, de argumentos contra el conocimiento de Dios.

Una fortaleza mental puede ser una manera de pensar como: el materialismo, el darwinismo, el secularismo, el relativismo, el comunismo, el ateísmo. Todos los diferentes -ismos son bastiones mentales que las personas ponen en contra del conocimiento de Dios. Una fortaleza mental también puede ser una actitud personal. La constante preocupación, la constante búsqueda de aprobación de otras personas. Cualquier cosa que se convierta en un ídolo en tu vida es una fortaleza, como el miedo, la culpa, el resentimiento, la inseguridad. Y la Biblia dice que debemos derribarlos. Para destruir esos argumentos con los que el diablo intenta persuadirnos, es necesario hacer lo que leemos a continuación: *"derribando argumentos y toda altivez que se levanta contra el conocimiento de Dios, y llevando cautivo todo pensamiento a la obediencia a Cristo," 2 Corintios 10:5.*

Tengamos en cuenta que esas fortalezas mentales son desarrolladas por las falsas filosofías y enseñanzas. Para derribar sus argumentos, tenemos que tener en cuenta la verdad de Dios. Esa verdad es la que prevalecerá. La verdad de Dios es absoluta y no relativa; es manifiesta y genuina; es un hecho. La verdad es Jesús. (Juan 14:6) Cuando dejamos que la verdad de Dios prevalezca, nuestra voluntad encuentra seguridad en hacer la voluntad de Dios. Las "armas" con las que se maneja esta guerra no son humanas. Estas armas son: las Escrituras de la verdad, la espada del Espíritu y la palabra de Dios.

Me gusta la interpretación dada por algunos sabios judíos del pasaje de Eclesiastés 9:14 que dice:

*"una ciudad pequeña, con pocos habitantes, es atacada por un rey poderoso que levanta alrededor de ella una gran maquinaria de ataque."* Esa ciudad pequeña es nuestro cuerpo carnal, que tiene pocos miembros. Luego llega una "imaginación o argumento" malvado y levanta grandes fortalezas a su alrededor, rodeando y atacando la ciudad de nuestra mente. El hombre entonces se atrinchera en sus propias fortalezas (auto-justicia, santidad y buenas obras) considerándose seguro. Por lo tanto, desechemos nuestras propias armas y utilicemos las armas de Dios.

## Poniendo en cautiverio nuestros pensamientos

*"Llevando cautivo todo pensamiento"* 2 Cor. 10:5. Esta frase "llevando cautivo" es una sola palabra griega: aichmaløtizø y significa "controlar a la fuerza, conquistar, traer a sumisión". Llevar cautivos. Hacer que cada pensamiento se someta y sea obediente a Cristo. ¿Cómo puedes someter tus pensamientos? Primero no estimules todo lo que piensas. Si lo estimulas, te enfocas en ello y terminarás creyendo en ello. La palabra de Dios nos recuerda en Jeremías 17:9 que el corazón (incluyendo los pensamientos) es engañoso.

Por lo tanto, no podemos aceptar ni mucho menos creer en todo lo que pensamos. Una vez más, te repito que el enemigo quiere plantar una idea y un pensamiento, para hacerlo un argumento que más adelante se convertirá en una fortaleza mental. Estas fortalezas mentales desarrollan diferentes tipos de mente en nosotros, que no son lo que Dios desea.

## Diferentes tipos de Mentalidad

La biblia habla de los siguientes tipos de mentalidad que podemos desarrollar si no tenemos cuidado. Revisémonos y analicémonos a la luz de la Palabra:

**La mente pasiva (Romanos 8:7-9/ Colosenses 2:18)** Hostil hacia Dios, no se somete a la ley, ni complace a Dios. Incapaz de tomar decisiones o realizar elecciones sanas.

**La mente vana (Efesios 4:17)** Lo que carece de verdad y adecuación. Contiene Perversidad, depravación, fragilidad y falta de vigor.

**La mente entenebrecida (Efesios 4:18)** Cubierta con oscuridad, oscurecida. Privada de luz.

**La mente atribulada (2 Reyes 6:11)** Enfurecida, conducida por una tormenta. En otras palabras: estar atormentado.

**La mente cauterizada o endurecida (1 Timoteo 4:2)** Marcada con marcas del pecado. Quemada con plancha de hierro para dejar marca.

**La mente depravada (1 Timoteo 6: 5)** la que corrompe y cambia para peor. No conoce la verdad, y toma la religión por una fuente de riqueza.

**La mente pecadora (Romanos 8: 7)** La naturaleza animal con antojos que incitan al pecado.

**La mente embotada (2 Corintios 3:14)** Cubierta con algo grueso, endurecida como un callo. La que pone el corazón mentalmente lento y lo hace perder el poder de comprensión.

**La mente ciega (2 Corintios 4: 4)** La que rompe el discernimiento mental y oscurece la mente

**La mente corrupta (2 Timoteo 3: 8)** Moralmente dañada y malvada. Culpable de prácticas deshonestas.

### La Mente de Cristo

*Pues la Escritura dice: «¿Quién conoce la mente del Señor? ¿Quién podrá instruirle?» Sin embargo, nosotros tenemos la mente de Cristo." 1 Corintios 2:16*

Tener la mente de Cristo, no tiene nada que ver con nuestra inteligencia o madurez. Tiene que ver con las actitudes y desempeño que tuvo Jesús en todas las áreas de su vida. Su actitud de servicio, de perdón y amor hacia los demás. Es la facultad de percibir las cosas divinas.

Es poder considerar y juzgar sobria, calmada e imparcialmente. Es una mente ungida y consagrada. La palabra Cristo significa, "el ungido". Estar dedicado al servicio de Dios. Y ante todo...tener la mente de Cristo conlleva a una relación íntima con el Padre Celestial. Una mente de Oración.

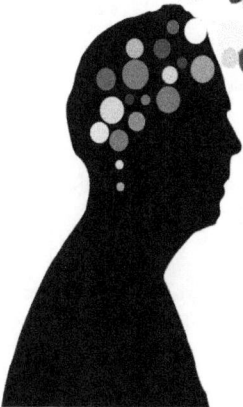

101

# Capítulo Ocho

## El Diseño

# El Diseño
*"Dios creo al hombre" Génesis 1:27*

Cuando El Señor creó al hombre, lo hizo con un diseño perfecto. Un modelo celestial se hizo realidad. La Biblia dice que Dios creó todo de la nada. Él creó al primer hombre de la nada. Más tarde formó una mujer de la costilla que había tomado del hombre. La palabra hombre אָדָם ADAM, no es sólo en referencia a un solo hombre llamado Adán, sino a toda la raza humana. Incluye al hombre y a la mujer.

Hoy sabemos que el óvulo contiene dos cromosomas femeninos (XX) y que el esperma contiene tanto cromosomas masculinos como femeninos (XY). Así, que el hombre fue creado primero del polvo de la tierra, y la frase "hombre y hembra los creó" significa que los hombres tienen dos cromosomas (X y Y). (incluye hombre y mujer)

El cromosoma X fue la razón potencial para que una mujer apareciera. Dios como diseñador, había creado una marca. Un prototipo único. (1)

Este modelo único, tiene Su sello. *"... a imagen de Dios lo creó"* Génesis 1:27

La era de ADAM había comenzado. Y el Señor protegió Su invento. Puso Su imagen y semejanza en él. Él nos dio una estructura de diseño, que usó como columna vertebral para Su creación entera.

---

(1) Prototipo: El original o el modelo en el que se basa o se forma algo, como el primer modelo de trabajo de algo que se fabricará a gran escala.

## Domando Leones

Como Menachem Posner escribió en su artículo: *"¿Cuál es la imagen divina en el hombre?"*, somos como una reflexión unidimensional de un objeto real. Nos parecemos al original.

Sólo el ser humano tiene poder para crecer, madurar y cambiar, porque es un reflejo de Dios, que es ilimitado, pero al mismo tiempo, el hombre tiene libre elección. Nuestro Diseñador nos ha permitido tomar decisiones. No así a las otras criaturas, que han sido programadas de una cierta manera y no pueden cambiar su naturaleza.

### En el jardín de Edén

*"Dios plantó un jardín en el oriente en el Edén -un lugar de deleite absoluto- y colocó al hombre a quien había esculpido allí para trabajar la tierra y cuidarla"*
*(Génesis 2: 8,15).*

Es tan conmovedor, que Dios mismo plantara el Jardín para colocar a Adán allí para que lo cuidara. El Señor plantó semillas que crecieron en plantas...no las injertó. Y Adán fue testigo de lo que Dios plantó el jardín. Adán supo sin lugar a dudas que Dios creó la tierra y todo lo que contenía.

Después de que el Señor creó Su prototipo (con Su imagen) y depositó su esencia en él, lo estableció en el jardín y le dio un trabajo. Desde el principio, los hombres fueron creados con una intención significativa, una misión. Las cosas que están "solo ahí" no necesitan un propósito. Pero cuando las cosas son "creadas" plantean propósitos. Dios no tenía una "razón" para crear un mundo. Solo lo hizo. Pero cuando lo hizo, lo hizo con un propósito. Significa que no está allí como una cosa por sí mismo; Está ahí como parte de un contexto mayor.

## Cuatro ríos

Un río fluía del Edén para regar el jardín, y de allí se separaba en cuatro ríos más pequeños. Génesis 2:10 Este jardín era regado por estos 4 ríos:

1. Pisón
2. Gijón
3. Hidekel
4. Éufrates

Estos cuatro tenían un propósito por cumplir. Aumentarían, irrumpirían, se moverían con rapidez y causarían fecundidad. Eso es lo que significa cada uno.

La intención principal de Dios era proporcionar a los hombres todo un ambiente perfecto para el éxito. El diseño del hombre fue determinado para el éxito desde el principio. Esta fue la intención de nuestro creador. El hombre fue creado intencionalmente para la gloria de Dios. (Isaías 43:7) Y es muy interesante que al hombre se le dio gloria para devolverla a Dios.

Salmo 8: 4-6, dice *¿Qué es el hombre? ¿Qué es el ser humano? ¿Por qué lo recuerdas y te preocupas por él? Pues lo hiciste casi como un dios, lo rodeaste de honor y dignidad, le diste autoridad sobre tus obras, lo pusiste por encima de todo"*

## Atentado contra la creación

Antes de que el hombre pecara, Lucifer tuvo el "sello de perfección", y "estuvo" en el Edén, el huerto de Dios, como leemos en Isaías 14: 12-15 y Ezequiel 28: 12-16. Para muchos eruditos, es posible que Lucifer o Luzbel antes de su caída, gobernara una tierra anterior, estando sujeto a Dios.

Cuando se rebeló (convirtiéndose en satanás) y se llevó a las fuerzas de los ángeles con él, Dios trajo juicio sobre esa creación original, resultando en el caos, vacío y oscuridad de Génesis 1:2.

Ya en la tierra restaurada, el propósito de Dios fue que el hombre reflejara su imagen en la tierra y tuviera dominio sobre el mundo y gobernara sobre la creación (Génesis 1:26, 28). Dios puso al hombre sobre la tierra para reemplazar el dominio de Satanás. Es por eso que el diablo trata de destronar al hombre a toda costa, tentándole a seguirlo en rebelión contra Dios, obteniendo de esta manera, gobierno y dominio nuevamente. Es una lucha de poderes, donde ahora él es gobernante. (Juan 12:31) Pero la buena noticia es que Jesús recuperó y ahora conserva el poder a través de Su muerte y resurrección (Efesios 1: 19-23). Y es por medio de nosotros que Su gloria se manifiesta nuevamente en la tierra. Su imagen se hace evidente. Dondequiera que caminemos, representamos a un reino, a un Rey y establecemos un dominio celestial.

### Embajadores:

Según el diccionario, un embajador es un funcionario diplomático del más alto rango, enviado por un país para vivir en otro como su representante.

En el Antiguo Testamento la palabra más cercana para definir un embajador es "mal'ak", que también significa representante y mensajero. *"Hemos oído un mensaje del Señor; un mensajero ha ido a las naciones, a decirles..."* *Abdías 1:1.* En el Nuevo Testamento, la palabra usada es *"presbeuō"* que significa: actuar como un embajador, ser un enviado. Un diplomático acreditado enviado por un país como su representante oficial a un país extranjero.

2 Corintios 5:20 dice: *"Así que somos embajadores de Cristo, lo cual es como si Dios mismo les rogara a ustedes por medio de nosotros. Así pues, en el nombre de Cristo les rogamos que acepten el reconciliarse con Dios."*

Para que una persona actúe como embajador, debe ser un ciudadano del país que lo envía. Después, esta persona tiene que desarrollar un área de servicio y tener credenciales para hacerlo. Entonces el país a ser representado da autoridad a esa persona, para *"actuar"* como si fuera el país mismo. Para ser un embajador del Reino de Dios, primero debemos ser ciudadanos legales y legítimos de ese reino. La única manera de lograr esto es siendo "hijos" de Dios. ¿Cómo? Al aceptar y recibir a Su rey como nuestro soberano y Señor. Su nombre es Jesús.

*"Pero a quienes lo recibieron y creyeron en él, les concedió el privilegio de llegar a ser hijos de Dios. Y son hijos de Dios, no por la naturaleza ni los deseos humanos, sino porque Dios los ha engendrado."* Juan 1: 12-13

*"Porque todos son hijos de Dios por la fe en Cristo Jesús."* Gálatas 3:26

Una vez que hemos prometido nuestra alianza al Rey, aceptamos Su deseo de enviarnos como representantes y mensajeros. Lo representamos y enviamos un mensaje en Su lugar. El mensaje es la "Buena Nueva de este reino". Las buenas noticias. Haciendo esto, todos nuestros gastos estarán cubiertos. Por lo que no debemos preocuparnos por las cosas que necesitamos.

Ahora también servimos como "ministros de la reconciliación". Para entender esta frase con más detalle, ayuda a saber que la palabra griega "ministerio" es diakonia, y simplemente significa "servicio". Y para realizar el servicio de la reconciliación, necesitamos saber lo que realmente significa. ¿A quién debemos reconciliar, de qué y cómo?

## Un terrible incidente

Primero necesitamos conocer la historia. En el principio Dios creó al hombre (varón y hembra) como sus representantes en la tierra. Tenían pleno acceso a Dios en cualquier momento. Hasta que Satanás apareció en forma de serpiente en el Jardín y plantó una semilla de duda en la mente de la mujer, siendo engañada. Luego ella compartió el fruto prohibido a su marido. Y fue cuando entonces, los ojos *de ambos* se abrieron y comenzaron a ver con diligencia y "reconocieron" que estaban desnudos, e indefensos.

Antes de este incidente, se centraban en su "misión" y no se "avergonzaban" el uno del otro. Pero ahora se sentían desconcertados y decepcionados. Cuando oyeron la voz del Señor que caminaba en el huerto, sintieron miedo por primera vez. Así que se escondieron de Él porque se vieron "desnudos". Se vieron a sí mismos 'eyrom' que significa totalmente indefensos, incapacitados e impotentes. Al principio, antes de comer del fruto, Ellos se miraban como Dios los veía. Con su "imagen" en ellos. Entonces, cuando Dios llamó a Adán, este se justificó a sí mismo; y tanto Adán como su mujer, comenzaron a culparse mutuamente ante la presencia del Señor. Entonces se perdió la conexión y la comunicación. Los hombres se separaron de su creador. Necesitaban urgentemente RE-CONCILIACIÓN con Su Creador. Una Reconexión.

## Una triste pérdida

Desde que el hombre y la mujer desobedecieron a Dios, ambos perdieron algo precioso: la capacidad de estar conectados. Antes estuvieron conectados con su creador, con la naturaleza y consigo mismos. El hombre y la mujer confiaban el uno en el otro.

Inicialmente, era natural que el hombre siguiera a la mujer. Lea la historia: su mujer fue convencida de comer del árbol del conocimiento del bien y del mal a través del diálogo con una serpiente que hablaba, ¿qué fue lo que convenció a Adán? nada en lo absoluto. Como él mismo admitió, *"¡La mujer que pusiste aquí conmigo me dio la fruta y yo comí!"* Tomó una larga charla para convencer a la mujer y sólo un simple gesto para hacer que Adán comiera de lo que Dios le dijo directamente que no lo hiciera. Esta mujer había sido puesta allí por Dios como "ayuda idónea". Pero debido al engaño recibido ella perdió su influencia y liderazgo, y Adán se convirtió en un "dominador", debido a su desobediencia. La mujer se convirtió en una víctima... Y Adán perdió la libertad para disfrutar de su misión.

Dios le dijo a la mujer: *"Tu deseo será para tu esposo, y él gobernará sobre ti."* Génesis 3:16

Dios le dijo a Adán: *"ahora la tierra va a estar bajo maldición por tu culpa; con duro trabajo la harás producir tu alimento durante toda tu vida. La tierra te dará espinos y cardos, y tendrás que comer plantas silvestres. Te ganarás el pan con el sudor de tu frente."* Génesis 3: 17-19

### Un nuevo nombre

Resulta muy interesante para mí que después de la caída, es Adán quien le pone a su esposa un nombre propio: Chavva חַוָּה (Eva) Antes, él la llamaba: "mujer" "*isha*". *(Hombre con un útero. Tomado del hombre).* Pero ahora, es Adán quien le da un nombre real a su pareja. Y esta es la hermosa lección que veo en esto, explicada a continuación:

Sí, Adán se justificó ante el Señor culpando a su esposa por desobedecer. Pero después de eso, probablemente llegó el arrepentimiento. Ambos aceptaron el castigo del Señor.

El Señor *"les cubrió"* completamente con abrigos que El mismo hizo para ellos.

El Señor les había provisto una "cobertura". Y los vistió completamente. Él fue misericordioso con ellos al sacarlos del jardín. Si hubieran comido del fruto del árbol de la vida, hubieran vivido para siempre en su pecado.

Las instrucciones directas sobre qué hacer y no hacer fueron dadas a Adán. Él tenía que pasarlas a su esposa. Parece que la mujer no tenía un entendimiento claro sobre la prohibición que Dios le dio a su esposo. Por eso fue engañada, pero quien pecó fue Adán (1 Timoteo 2:14) Pero como ambos eran uno... ambos fueron expulsados del Edén.

Más tarde, Dios le dio a Adán y a su esposa un hijo llamado -Set- después de que Caín mató a Abel (4: 25-26). Fue después del nacimiento de Set que la gente comenzó a adorar al Señor (4:26). ¿Esto incluyó a Adán y su esposa? ¡Claro! Realmente lo creo. Ambos comenzaron a invocar de nuevo Su nombre.

Ahora, volviendo a Adam poniéndole el nombre a su esposa. La llamó Eva... Su nombre significa: madre de todos los vivientes. Pudo haberla llamado "madre de todos los pecadores", pero no lo hizo. Esto demuestra que él perdonó a su esposa y que nunca la culpó otra vez por su condición actual.

Sus acciones pasaron la muerte sobre toda su simiente, pero aun así, eligió llamarla Madre de todos los vivientes. Sería a través de la semilla de la mujer que habría vida para todos los hombres.

## Una pista

Parece que al principio, el papel de la primera mujer fue activo y su liderazgo era natural en ella. Es después de la caída que el Señor hizo que el liderazgo fuera exclusivo de los hombres. Ejerciendo liderazgo con dominio, reinado y gobierno. Pero este no fue el diseño original. Podemos ver a Dios restaurando Su diseño a través de Sara por ejemplo. La esposa de Abraham. Cuando Dios le dice a Abraham: *"en todo lo que te dijere Sara, oye su voz"* (Génesis 21:12).

## Todos somos transgresores y delincuentes

Por lo tanto, desde el incidente en el Jardín del Edén, llegamos a ser pecadores por naturaleza, debido a la semilla plantada por Satanás, que trajo a la humanidad una separación con su creador.

*Romanos 3:23 dice: "Porque todos pecaron (perdiendo el objetivo) y están destituidos de la gloria de Dios". Romanos 5:12 "Por tanto, de la manera que el pecado entró en el mundo por un hombre, y por el pecado la muerte, y la muerte así pasó a todos los hombres en aquel en quien todos pecaron."*

Ser un pecador es ser una persona que ha perdido la meta. La palabra pecado: άμαρτία hamartia significa: perderse o desviarse del camino de rectitud y honor, hacer o ir mal.

Adán y Eva se dejaron llevar y fallaron el objetivo. Ya no se enfocaron más en su Creador y Su propósito, sino que, se centraron en sí mismos. Perdieron su camino, erraron en la verdad y perdieron su vida. El pecado entró en el mundo, pasando por ellos, hasta hoy.

## El Plan de Dios

En Juan 3:16 leemos: *"Porque de tal manera amó Dios al mundo, que ha dado a su Hijo unigénito, para que todo aquel que en él cree no se pierda, más tenga vida eterna."* "Unigénito" es una traducción al español de una palabra Griega. Tenemos que mirar el significado original de esa palabra griega, y no transferir significado español al texto. La palabra aquí es: "monogenes μονογενής." Significa: Referente a ser el único de su tipo o clase, único en su género.

Jesús es el "único Hijo de Dios de su clase". Pero no "engendrado" ni "producido" o "creado" por Dios el Padre. También, cuando el texto dice "mundo" se refiere a la palabra koiné: "Kosmos". Su significado es poderoso. "Kosmos" tiene al menos siete diferentes significados definidos claramente en el Nuevo Testamento. Uno de ellos significa: disposición armónica; una propuesta.

El tema principal de Juan 3:16 es Cristo como el regalo de Dios. La primera cláusula nos dice que lo que motivó a Dios a "dar" a su Hijo unigénito, fue su gran "amor". La segunda cláusula nos informa de que Dios "dio" a su Hijo, para "todo aquel ('a cada uno') que cree." La última cláusula da a conocer por qué Dios "dio" a su Hijo (cuál fue Su propósito), y fue, para que todo aquel que cree "no se pierda, más tenga vida eterna." Este pasaje tiene una relación muy estrecha con Malaquías 3: 16-17. Vamos a echar un vistazo a la Biblia Hebrea en el original: donde leemos: *"Entonces los que temen al SEÑOR hablaron cada uno a su compañero; y el SEÑOR escuchó y oyó, y fue escrito libro de memoria (Zikaron Sefer) delante de él para los que temen al SEÑOR, y para los que piensan en su Nombre. Y serán*

míos, dijo el SEÑOR de los ejércitos, y serán mi especial tesoro (segullah) ; y los perdonaré como el hombre que perdo-
na a su hijo que le sirve."

Volviendo a Juan 3:16, la palabra "mundo" se refiere también a una *"decoración o adorno o a un tesoro especial: la novia del hijo único"*. Dios está haciendo un contrato pre-nupcial con la novia para que una boda tenga lugar
un día en el cielo. El requisito para que la novia acepte esta
propuesta de boda; es "creer" en el Hijo.

Juan 3:16 es un idiomismo hebreo. Una frase con
un significado especial. *"Dios el Padre, de tal manera amó
a la novia (Su decoración y especial tesoro) que dio a su
único hijo en contrato pre-nupcial para que quien tenga
intimidad con el Hijo y totalmente lo acepte como su fuente
no experimente la segunda muerte y tenga eterna vida en el
reino"*.

Algunos argumentan que "Kosmos" tiene que ver
sólo con los "creyentes". Otros incluyen a toda la raza humana. Para mí, esta es una propuesta que incluye a todos
los que quieran aceptarlo. ¿Lo hará usted?

### ¡Cristo murió en la cruz por nuestros pecados!

Romanos 5: 8 *"Mas Dios muestra Su amor para
con nosotros, en que siendo aún pecadores, Cristo murió
por nosotros."* Efesios 1: 7 *"En él tenemos la redención
(reparación de un daño o lesión; una enmienda) por su
sangre, el perdón de los pecados, conforme a las riquezas de
la gracia de Dios."* En otras palabras, Jesús pagó por completo por nuestra culpa y reparó el daño causado en el Jardín del Edén. Se convirtió en el puente entre los hombres
y Dios para servir como reconexión con nuestro creador.
Él estuvo en el acto de reconciliarnos con Dios el Padre.

El hizo todo lo que había que hacer para lograr la reconciliación. Él trajo la paz entre las dos partes. Pero la otra parte: NOSOTROS, necesita recibir de manera consciente esa reconciliación y actuar sobre ella. Esa reconciliación también trajo un intercambio. Jesús ocupó nuestro lugar en la cruz. Pero cada persona tiene que reconocer dicha acción con el fin de ser salvado de la separación eterna. 2 Corintios 5: 18-19 declara, *"Todo esto proviene de Dios, quien nos reconcilió consigo mismo por Cristo, y nos dio el ministerio de la reconciliación: Es decir que, en Cristo, Dios estaba reconciliando consigo mismo al mundo, sin tomar en cuenta los pecados de los hombres; y a nosotros nos encargó que diéramos a conocer este mensaje.*

## El Ministerio y el Mensaje de Reconciliación

Hay un ministerio dado a todos nosotros los cristianos, llamado: el Ministerio de la Reconciliación. Como dijimos antes, un ministerio es un "servicio". Ahora servimos como "pacificadores", y como "reconectadores". En la distribución de energía eléctrica, un reconectador es un dispositivo que quita la falla y re-energiza la línea de distribución, restaurando la energía. Es cuando actuamos como *"trabajadores del servicio de reconexión"*. El servicio principal se ha pagado, pero para reinstalar el servicio un trabajador debe ir a esa casa. De lo contrario continuará en la oscuridad. Por lo tanto, también tenemos un mensaje. Y este mensaje es un mensaje de reconciliación. Es nuestro deber informar a la humanidad que el servicio ha sido proporcionado de nuevo... pero que necesitan volver a conectarlo. Jesús quiere salvar a todos... El ya pagó la deuda, pero la gente debe aceptar el pago. Jesús murió por todos, pero no todos han sido salvos todavía.

Hasta que la persona reciba a Jesús, no se salva automáticamente. *"Nosotros (los cristianos) somos, por tanto, los embajadores de Cristo, como si Dios estuviera haciendo su llamamiento a través de nosotros. Les rogamos por Cristo: reconcíliense con Dios."* 2 Corintios 5:20

Esta es la Gran Comisión que nuestro Señor Jesús dio a todos los creyentes. Esto no es sólo para algunos. Esto es para todos los creyentes. Y todos los creyentes deben actuar. Vayan al mundo perdido y díganle: *"Reconcíliense con Dios"*; *"Acepten a Jesús como su salvador".* Entonces serán salvos. Serán reconectados.

**Funcionarios diplomáticos**

Filipenses 3:20 dice - *"Pero nuestra ciudadanía está en el cielo. Y de allí esperamos ansiosamente un Salvador, el Señor Jesucristo".*

Como embajadores, somos mensajeros oficiales. Y también servimos como "ministros de la reconciliación". Somos siervos que representan a un Reino y a un Rey. Un representante que ha sido empoderado con una misión y un mensaje. Debemos llamar a las personas que nos encontramos diariamente al arrepentimiento y a creer en Cristo Jesús.

En la antigüedad, los embajadores tenían que conocer los deseos de su soberano para representar con precisión al gobernante, hablando sólo en nombre de Su gobierno. En este mundo y su diplomacia humana, un embajador nunca comparte su propia opinión. Su opinión personal no importa. Filipenses 2: 4 dice *"Que cada uno de ustedes mire no sólo por sus propios intereses, sino también por los intereses de los demás".* Los embajadores ocupaban el más alto rango político, y podían tomar decisiones como si fueran un rey. Cuando se enviaba a un embajador o cualquier otro dignatario a un lugar, el rey daba una pequeña prueba como testigo: un anillo, por ejemplo, marcado con la firma real que serviría de verificación para reclamar la representación del rey. Con la imagen del poder soberano en el dedo, el embajador adoptaba la identidad del rey y por lo tanto tendría toda la autoridad y poder del rey. Debemos hablar, vivir y actuar *"como si Dios estuviera haciendo Su llamamiento a través de nosotros"*.

Dondequiera que vamos, llevamos dentro de nosotros el poder de quien nos envió. Jesús dijo en Juan 20:21: *"Como el Padre me envió, yo los envío."* Por lo tanto, nuestra conducta y modo de vida deben reflejar eso.

Proverbios 13:17 dice: *"Un mensajero malo cae en problemas, pero un embajador fiel trae salud".* Como fieles embajadores de Cristo, debemos traer salud, frescura y consuelo a las personas con las que entramos en contacto.

Nuestra misión, como parte del reino, es ir a hacer otros discípulos. Debemos enseñar a otros lo que nos han enseñado. Asegurémonos de que estamos humildemente pidiendo a la gente que preste atención al mensaje de nuestro rey. Nuestro diseño tiene un propósito. Este propósito es llevar el cielo con nosotros dondequiera que vayamos – al hogar, al trabajo, la escuela, la iglesia, la calle, - en todas partes. ¿Cuándo fue la última vez que compartió el mensaje de reconciliación que Dios le ha confiado? Es muy posible que a esta altura del libro, usted esté entusiasmado con lo que ha leído; Pero también es posible que se sienta abrumado y se sienta culpable por no haber cumplido su misión como cristiano. Es muy probable que usted esté teniendo una lucha personal. Esa lucha comienza a sentirse como una gran guerra dentro de usted. Pero ahora esta frente a una puerta. Una gran oportunidad. No la desperdicie.

# Capítulo Nueve

## Puertas y portones

# Puertas y portones

*"¡Ábranme las puertas donde habita la justicia! ¡Quiero entrar por ellas para alabar al Señor! Ellas son las puertas que llevan al Señor, y por ellas entran quienes son justos. Te alabo, Señor, porque me escuchas, y porque me das tu salvación." Salmo 118:20-21*

¿Eres tú un justo? ¿Te consideras un justo? La persona justa es la que hace lo correcto y lo legal. Muchos de nosotros no calificaríamos. Sin embargo, aquellos que han hecho del Señor Jesucristo su Señor y Salvador personal, han sido justificados, sin merecerlo. Esa es una buena noticia de la palabra de Dios: *"por cuanto todos pecaron, y están destituidos de la gloria de Dios; pero son justificados gratuitamente por su gracia, mediante la redención que proveyó Cristo Jesús, a quien Dios puso como sacrificio de expiación (cubrimiento) por medio de la fe en su sangre. Esto lo hizo Dios para manifestar su justicia, pues en su paciencia ha pasado por alto los pecados pasados" Romanos 3:23-25*

Por lo tanto, hemos sido hechos "justos" delante de Dios, y podemos entrar por esas puertas de justicia que nos lleva al Señor. Y entramos por ellas para alabarlo y bendecir Su nombre. Pero es necesario discernir qué tipo de puertas tenemos al frente. Y tomar en cuenta ciertos detalles y principios con respecto a ellas.

Primero, tomemos en cuenta que las puertas ponen límites. Lo que está dentro y lo que está afuera. Hay cosas que deben permanecer dentro, y otras que se deben quedar afuera. Esos limites aseguran privacidad, protección y cobertura. También tenemos que aprender a discernir cuando entrar, cuando salir. Cuando abrir y cuando cerrar.

El tiempo para atravesar puertas también es muy importante. Esto trae consigo muchas preguntas:

¿Cuándo una puerta es de Dios? ¿Cuándo debo entrar por ella? ¿Cuándo debo sacar cosas afuera? ¿Qué tipo de puertas enfrentaré? Muchas de esas preguntas van a ser contestadas a continuación:

## Un poquito de Historia

Todos sabemos que las puertas son una barrera móvil que delimita un espacio o un entorno. Las puertas pueden ser de madera, vidrio o metal y sirven para abrir y cerrar una entrada. Las estructuras exteriores similares a las puertas se llaman portones.

Las puertas datan de la era egipcia antigua. Hay pinturas que sirven como registros históricos de la arquitectura de las puertas. Otros registros históricos incluyen las puertas del templo del rey Salomón. Estas estaban hechas de madera de olivo, al igual que muchas puertas en la antigüedad.

En la India, se han encontrado antiguas puertas de piedra. Éstas tenían pivotes en cada extremo, que después eran introducidos en zócalos. Evidencia de estructuras con puertas se ha encontrado también en antigua Asia Menor.

Las Puertas y portones tal como se mencionan en la Biblia, giraban sobre pivotes (las "bisagras" de Proverbios 26:14) que funcionaban en zócalos superiores e inferiores, a los que se les proporcionaba un cerrojo (2 Samuel 13:17) o una cerradura con llave (Jueces 3:23).

Las puertas eran con frecuencia de dos hojas, y las puertas plegables se mencionan en relación con el templo (1 Reyes 6:34).

## Una Invención superior

Sin embargo, las puertas no fueron simplemente invención humana. En el libro del Génesis capítulo 6 versículo 16 podemos leer que el Señor nuestro Dios dio a Noé especificaciones sobre cómo hacer un arca. Y el arca tenía una ventana y una puerta al lado. Es más, en Génesis 3:24, ya Dios había delimitado la entrada del jardín del Edén. Esa entrada, era un portal de entrada al jardín, ahora resguardado por querubines y una espada que giraba hacia todos lados, para prevenir el acceso al árbol de la vida. Las puertas son un elemento profético en la escritura. También un símbolo espiritual muy importante.

### Puertas reales y falsas

En su mayor parte, las puertas se pueden ver, pero a veces hay puertas que no conducen a ninguna parte, ni siquiera se abren. Estas son conocidas como puertas "falsas". Los egipcios eran famosos por ponerlas en las tumbas. En realidad, esa puerta falsa no es una puerta. En realidad es parte de la pared y no llevan a ningún lado. Y si no ponemos en práctica el discernimiento podemos perder nuestro tiempo tratando de buscar una llave para esa puerta que no fue diseñada como una entrada o salida...sino que fue diseñada para engañar a quien está frente a ella. Así trabaja el enemigo. Causa una falsa impresión en nosotros, de algo que no existe. La puerta falsa jamás se abrirá, por más que se intente.

Debemos tener mucho cuidado cuando tratamos de buscar la salida e intentamos hallar "puertas abiertas" a nuestros problemas. El enemigo puede engañarnos haciéndonos ver una puerta conveniente delante de nosotros. Para luego darnos cuenta de que esta puerta no nos llevará a ninguna parte. Perdemos tiempo y esfuerzo.

El enemigo quiere que creamos que algo irreal es verdad. Nos llena de mentiras, y al creerlas, las hacemos reales. Se crean puertas falsas que dan una impresión falsa. *"El (el diablo) ha sido un asesino desde el principio, y no ha permanecido en la verdad, porque no hay verdad en él. Cuando habla mentira, habla de sus propios recursos, porque es mentiroso y padre de mentira." Juan 8: 44*

Nuestra naturaleza humana tiende a creer y seguir cualquier palabra dada en el nombre de Dios. En nuestra desesperación por tener alivio del sufrimiento y en nuestra búsqueda por resolver y salir de nuestros problemas, a menudo nos encontramos con puertas falsas. Éstas tienen el propósito de confundir a los que las encuentran. *"Porque el Señor no es autor de confusión, sino de paz" 1 Corintios 14:33*

Antes de correr a una puerta e intentar pasar por ella, pida discernimiento al Señor. No pierda su valioso tiempo tratando de abrir una puerta que no abrirá. Tus ojos naturales no pueden verlo, pero el don de Dios en ti puede discernirlas.

### Puertas secretas

*"Las cosas secretas pertenecen al SEÑOR nuestro Dios; mas lo que se revela nos pertenecen a nosotros y a nuestros hijos para siempre, para que cumplamos todas las palabras de esta ley". Deuteronomio 29:29*

Existen puertas que fueron hechas para que no parecieran puertas. Estos son reales, pero se llaman puertas "secretas" u "ocultas". Las puertas secretas pueden parecer una carcasa de libros en la pared, o a una parte de la pared misma. En la antigüedad, las puertas secretas se usaban como pasajes ocultos o túneles secretos que conducían a rutas ocultas utilizadas para los viajes furtivos, fugas o para el movimiento de personas y bienes.

Las puertas secretas pueden ser buenas o malas. Dios tiene cosas secretas para que nosotros las descubramos. Nos va dando una serie de pistas hasta que encontramos el tesoro escondido tras ellas. Muchas personas mantienen puertas escondidas para ocultar sus propios secretos y su propia vergüenza. Se tragan la llave para evitar que alguien descubra su secreto. Usan su mente como una puerta oculta. Pero, cuidado. Nada puede mantenerse escondido del conocimiento del Señor.

*"Descubrirá las cosas profundas de las tinieblas, y traerá la sombra de la muerte a la luz." Job 12:22*
*¿Acaso tú no habrías llegado a saberlo? ¡Si tú conoces los secretos más recónditos! Salmos 44:21*

### Significado espiritual de las puertas

Las puertas y portones tienen un significado y propósito espiritual. Puerta, es la palabra hebrea; Pethach. Otra palabra hebrea usada es sha`ar, también traducida: Portón.

Su significado literal es el de una entrada, apertura, puerta. Pero las puertas también significan comunicación, asociación y conjunción. También representan oportunidad y lugar de autoridad. Una puerta es una salida a las limitaciones o un camino hacia la seguridad. Está relacionada con: tener acceso.

Incluso las cosas difíciles que enfrentamos son puertas. Una puerta a un nuevo nivel de fe o un punto de entrada para ganar una victoria. Parece que la mayoría de nosotros pudiera estar atascado del lado equivocado de la puerta porque no hemos podido aprender a abrir lo que debe abrirse. Pero fallamos en discernir el tipo de puerta a la que nos estamos enfrentando! Recuerda: Hay varios tipos de puertas. Y cada una tiene un significado importante para nuestras vidas.

## Puertas abiertas

Una puerta abierta es una invitación a entrar hacia alguna parte. Debemos ser cuidadosos y usar nuestro discernimiento para escoger sabiamente. A veces podemos ver una hermosa puerta abierta delante de nosotros y tal vez no es lo que parece. No todas las puertas están destinadas a ser cruzadas. El enemigo puede abrir puertas (puertas falsas) para que te engañen. Lo hará de una manera muy sutil y fácil. Una puerta abierta de parte del Señor, no implica una salida fácil. Simplemente representa la mejor opción. En realidad la puerta de parte de Dios será ardua de atravesar. La Biblia habla de que esta puerta, aunque abierta, es estrecha.

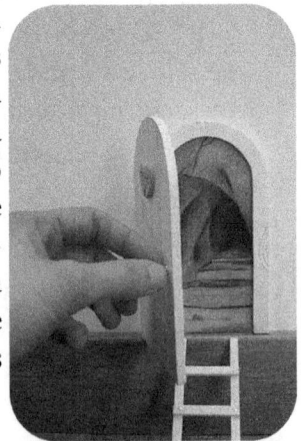

*"Esfuérzate por entrar por la puerta estrecha, porque muchos, te digo, buscarán entrar y no podrán." Lucas 13:24.* Recuerda lo que la Biblia dice: *"Entra por la puerta estrecha; Porque ancha es la puerta y amplio es el camino que lleva a la destrucción, y hay muchos que entran por ella."* Mateo 7:13.

Lo que sabemos de esta estrecha puerta es que debemos hacer un esfuerzo para pasar por ella. Como la crisálida hace su gran esfuerzo para pasar a través del capullo para salir a una nueva vida como una mariposa. Esa mariposa tendrá que luchar por salir. "Luchar", es una palabra con la que ya estamos familiarizados. Es la misma palabra griega  Koiné usada en 2 Timoteo 4: 7.

La palabra griega agonizomai, traducida como "lucha o agonía"; y que también significa "participar en un concurso atlético". Entrar en esta puerta no será fácil, pero debemos hacer todo esfuerzo, y poner todo empeño para entrar.   Hay una puerta abierta para ti. Esta es la puerta de la salvación. Y Jesús es la puerta. *"De cierto, te digo que soy la puerta de las ovejas."* Juan 10: 7 ¿Vas a pasar al otro lado? ¿Qué estás esperando? ¿Sabes lo que está al otro lado de la *puerta? "Pero estrecha es la puerta y estrecho el camino que lleva a la vida, y sólo unos pocos lo encuentran." Mateo 7:14* Esta puerta abierta conduce a la VIDA ¿Qué clase de vida? Jesús está hablando de ζωή zōē, no de la vida física ni biológica  BIOS, sino a la absoluta plenitud de vida, tanto esencial como ética, que pertenece a Dios. La misma clase y calidad de vida que Dios tiene.

## Ten cuidado

*"Ni den lugar al diablo."* Efesios 4:27. Debemos ser muy cuidadosos de nuestros propios deseos y voluntad. El ser cuidadoso conlleva a la responsabilidad. Cada uno de nosotros tiene la responsabilidad de mantener ciertas puertas cerradas y otras abiertas. Podemos ser responsables de permitir que el diablo entre a través de una apertura que nosotros mismos hemos preparado para él. Podemos darle una oportunidad, poder u ocasión para actuar. ¿Cómo? Entregándole nuestro territorio a él. Concediéndole permiso para que él se quede. Por favor, no abra una puerta al diablo. Él está sentado a la puerta de su corazón esperando a que usted lo deje entrar, a través de mentiras, engaños y argumentos. *"El pecado está en la puerta. Y su deseo es para usted, pero usted debe gobernar sobre él."* Génesis 4: 7

### Puertas cerradas

Hay diferentes razones por las que una puerta está cerrada. Una puerta se puede cerrar para permitir aislamiento, abrigo, protección. Cuando lo que hay dentro es muy valioso y no queremos que alguien lo robe, entonces cerramos la puerta.

A veces, cuando una persona cierra una puerta es porque él / ella sabe que hay cosas importantes en el interior que no quiere que alguien más lo obtenga. Su corazón es una puerta muy valiosa, por eso debe guardarlo y no permitir la entrada al enemigo ni a sus mentiras.

Esa puerta debe permanecer cerrada al enemigo. Y al hacerlo, el enemigo va a querer cerrarle puertas para que usted no obtenga lo que es suyo. Pero la buena noticia es que estas puertas que el enemigo intenta cerrar, pueden ser reabiertas. El diablo usa a la gente para engañar, mentir y convencer. Por lo general, usa personas religiosas y piadosas para esta tarea. Esto es muy serio.

»*Pero ¡ay de ustedes, escribas y fariseos, hipócritas! Porque le niegan a la gente la entrada al reino de los cielos, y ni ustedes entran, ni tampoco dejan entrar a los que quieren hacerlo."* Mateo 23:13

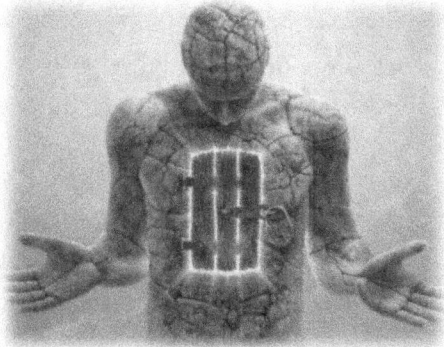

Muchos maestros y autoridades espirituales han impedido que otros entren por las puertas del reino. El reino tiene muchas mansiones, muchas habitaciones y muchas puertas. Muchas puertas están cerradas debido a la ignorancia. Y será a través del conocimiento que muchas de estas puertas serán abiertas. En la mayoría de los casos, tú serás responsable por abrirlas. *"He aquí, estoy a la puerta y llamo. Si alguno oye mi voz y abre la puerta, entraré a él y cenaré con él, y él conmigo."* Apocalipsis 3:20

## El dueño de la casa

*"Después que el dueño de la casa se levante y cierre la puerta, ustedes, los que están afuera, llamarán y dirán: "Señor, ábrenos." Pero él les contestará: "No sé de dónde son ustedes." Entonces comenzarán ustedes a decir: "Hemos comido y bebido contigo, y tú enseñaste en nuestras calles." Pero él les contestará: "No sé de dónde son ustedes. ¡Apártense de mí, malhechores!" "Muchos les digo que tratarán de entrar y no podrán"* (Lucas 13:25). ¿Por qué no pueden entrar? ¿Está prohibido el camino? No, pero sabemos por otra enseñanza de Jesús que la entrada al Reino de Dios requiere arrepentimiento y cambio. Y muchos, quieren solamente el beneficio– que es la herencia del Reino, el cielo - siempre y cuando no les cueste nada, mucho menos su lealtad y obediencia. Y por eso tratan de entrar, pero no tienen éxito cuando se dan cuenta del costo.

En la parábola de Jesús, finalmente el anfitrión *"se levanta y cierra la puerta ..."* (Lucas 13:24). Al parecer, el anfitrión está sentado o reclinado en la mesa del banquete, pero cuando es hora de comenzar, se levanta deliberadamente y cierra la puerta. Ya no pueden entrar más invitados. El banquete comenzará.

Ahora, aquellos que habían intentado la primera vez pero no pudieron entrar, ven la puerta cerrada y comienzan a golpearla. Pero golpean y abogan sin éxito.

## La Puerta de Oportunidad

La puerta de oportunidad es una posibilidad, una ocasión. Una de las razones que Dios permite una puerta de oportunidad, es para que usted mejore, no para que empeore su condición ni espiritual ni emocional. Si por casualidad al entrar por una puerta, el camino lo va a desviar de la ruta o de la voluntad de Dios para su vida, entonces tenga cuidado. En lugar de una oportunidad, esta es una distracción de parte del enemigo para hacerle perder su tiempo. A veces estas puertas parecen perfectas, muy lindas y llamativas. Sepa discernirlas. Otras veces, la puerta no parece tan acogedora. La Biblia dice en:

1 Corintios 16:9 *"Porque se me ha abierto una gran puerta de oportunidad, aunque muchos son los adversarios"*

Cuando hay una buena oportunidad frente a usted, la gente reaccionará. Bien o mal. Unos Comenzarán a plantarle dudas y a criticar la puerta. Por eso es necesario que conozcamos el carácter de Dios, su mente y su voluntad. De lo contrario ¿cómo vamos a saber si algo es de Él o no? Generalmente las cosas que provienen de Dios generan mucha lucha, porque la gente por naturaleza es envidiosa y celosa. Usted puede tener varias puertas como esta en frente. Lo importante es recordar que cualquiera que sea la puerta, nunca estará en contradicción con la palabra de Dios.

Cómo discernir la puerta de Oportunidad?

ESTUDIO   IGLESIA   FAMILIA   TRABAJO   DIOS

OPORTUNIDAD O DISTRACCION

131

Algunas veces debido a que estamos desesperados por alguna situación particular, vemos puertas de oportunidad en puertas falsas, y en distracciones. Necesitamos el consejo de otros. No podemos quedarnos solamente con nuestra apreciación: *"Cuando no hay buen guía, la gente tropieza; La seguridad depende de los muchos consejeros."* *Proverbios 11:14.* Y si el consejo de otros proviene de personas que te aman, atiende el consejo. Analízalo. No lo deseches. Un consejo no es crítica. Un consejo es una recomendación o sugerencia para evitarte un dolor. Cuando escuches la opinión de alguien, no te des por aludido. No lo tomes personal. Pídele a Dios sabiduría para saber si es un buen consejo. Y si lo es...síguelo.

La puerta de oportunidad que Dios permite, es eficaz, apta y conveniente. Es una puerta cuyo fin es fructífero. Esta puerta lo influenciará a usted a hacer lo correcto. Si el final de esa puerta es correcto, verdadero y bueno, vale la pena considerarlo. Si el final de esa puerta es beneficioso para otros y no perjudica a nadie, entonces Dios está en el asunto. Pero si por ese camino, alguien puede salir dañado y herido, no lo tome. Tome un riesgo que le beneficie no sólo a usted sino a los que están a su alrededor. Y entonces, al hacerlo, vendrá adversidad de parte del enemigo para que usted no sea fructífero, ni provechoso ni fértil. La adversidad viene para que usted no pase por esa puerta...pero la puerta está abierta. La adversidad no ocurre para cerrar la oportunidad, sino para evitar que usted pase por ella. La puerta de oportunidad va a requerir esfuerzo y trabajo. Esta puerta no es para los vagos ni flojos. Y no sólo me refiero a una pereza física, sino también mental. Es como si su mente estuviera atrofiada e incapaz de pensar. La persona perezosa siempre buscará una excusa para no hacer lo que debe hacer.

En Proverbios 22:13 leemos: *"El perezoso arguye: «¡Hay un león en la calle! Si salgo, ¡seré hombre muerto!»* La persona perezosa física y mentalmente solo se imagina sus éxitos pero no camina hacia ellos: *"Proverbios 13:4 El perezoso desea y nada consigue, pero el que es diligente será prosperado."* Hay que aprovechar las puertas de oportunidad, de lo contrario, pasarán. Recuerda: si hay una oportunidad para hacer el bien, hazlo. Si esa puerta te lleva a ser una mejor persona e hijo de Dios, pasa por ella. Si hay una puerta de oportunidad que lleve a la libertad, no te quedes sufriendo, pasa al otro lado. Dios no te ha hecho esclavo de nada ni de nadie. El propósito de Él, no es hacerte sufrir. Es hacerte libre.

### Cómo discernir las puertas

Lo primero a tomar en cuenta para poder discernir si una puerta de oportunidad es de Dios, es cerciorarse que el camino al cual lleva dicha puerta no contradice la palabra de Dios ni la invalida. Por ejemplo, si usted le está pidiendo un trabajo extra a Dios y le sale una oportunidad muy buena. Si el trabajo le va a quitar su tiempo personal con Dios (Deuteronomio 6:5) (Lucas 12:29-31) y con la iglesia (Hebreos 10:25), su tiempo con la familia (Efesios 5:25), ese trabajo será una distracción que puede afectarle de manera negativa, ya que algunos se dejan influenciar por el premio financiero que dicho trabajo traerá (Mateo 6:24). Muchas mujeres con niños pequeños se desesperan por estar en la casa y deseando ayudar a sus maridos, buscan un trabajo afuera.

Cuando se dan cuenta, incurren en gastos que antes no tenían: el pago de la niñera, la gasolina, la comida afuera, etc. Y al final, el dinero ganado se va por un hoyo. No nos dejemos deslumbrar por una puerta de oportunidad si vamos a tener más perdida que ganancia. Si solamente consideramos la ganancia personal, esa puerta podrá convertirse en nuestra fuente de destrucción.

Otro punto que debemos tomar en cuenta para saber si una puerta es de Dios, es el pedir confirmación. La puerta de Dios viene acompañada de una verificación en boca de dos o tres testigos. (Mateo 18:16) Pedir una confirmación no es lo mismo que ir de persona en persona pidiendo una opinión. La palabra de Dios en Mateo nos indica que toda cosa sea establecida por medio de dos o tres personas. Con establecer se refiere a mantener o sostener la autoridad de dicha ruta, palabra o decisión, colocándola en un equilibrio, manteniendo una mente firme y sin vacilación. Cuando todos están en acuerdo, hay equilibrio. Si tiene una duda con respecto a algo, acuda a un líder espiritual, pida ayuda en oración, para que pueda tomar la mejor decisión. El punto más importante para poder distinguir una puerta de oportunidad de una simple distracción, es pesar el producto final. Si debido a la puerta que has cruzado, tu relación con Dios se incrementa y fortalece, sin duda esa puerta fue puesta allí con un propósito divino. Si esa puerta va a hacer que el centro de tu vida siga siendo Dios y que tus prioridades no se afecten, entonces esa entrada es de origen divino. Si por el contrario, lo que vas a comenzar a hacer es quitar a Dios de su lugar y tus pensamientos sólo van a girar en torno de una actividad, trabajo, empresa o persona; entonces considera esta puerta como una distracción.

# Capítulo Diez

## Significado Bíblico de las Puertas

# El Significado Bíblico de las puertas

## Significado y uso de las puertas en el
## Antiguo Testamento

Nehemías fue un israelita que sirvió como copero (asistente de alto nivel) para el rey persa Artajerjes, en la década de 440 A.C, unos 70 años después de que los persas derrotaron a los babilonios y permitieron a los israelitas cautivos regresar del exilio a Jerusalén. Desde el tercer milenio antes de Cristo, las ciudades del Este Medio habían sido rodeadas por muros construidos por piedras, estos muros contaban con centinelas para resguardar las puertas de las ciudades. Desde lo alto de estos muros los guardias podían inspeccionar el horizonte hasta grandes distancias y podían ver a cualquiera que se acercara a la ciudad, ya fueran visitantes o invasores.

Las condiciones de los muros dependían del cuidado de los dirigentes. En particular, los muros de Jerusalén habían sido destruidos durante una invasión Babilónica, entre los años 587 y 586 A.C. En esa invasión el pueblo judío fue capturado y sacado de Jerusalén. Nehemías era descendiente de este grupo de judíos. En el 539 A.C. Ciro el persa, ganó control de toda Mesopotamia y permitió que los judíos exiliados regresaran a la ciudad de Jerusalén. Estando Nehemías en el castillo de Susa, donde servía al rey Artajerjes, se entera de que su pueblo estaba:

*"en una situación muy mala, y en oprobio; y [de que] el muro de Jerusalén está derribado, y sus mismísimas puertas han sido quemadas con fuego"*. Profundamente abatido, implora a Dios que lo dirija (Nehemías 1:3, 4). Con el tiempo, el rey observa su tristeza, lo que abre el camino para que Nehemías viaje a Jerusalén.

Al llegar, Nehemías inspecciona el muro al amparo de la noche y revela a los judíos sus planes de reconstruirlo. Se inician las obras, y también la oposición; sin embargo, bajo el valiente liderazgo de Nehemías, *"por fin el muro queda completo"* (<u>Nehemías 6:15</u>). Lo mismo que las doce puertas que se encontraban alrededor del mismo. Cada puerta tenía una función especial, y cada una de ellas encierra un aspecto espiritual que veremos a continuación. Qué bueno cuando tu ciudad, tu comunidad, tu familia, tu propio cuerpo y tu alma, tienen fuertes muros con puertas que funcionan adecuadamente, para que usted esté seguro y tenga su propia identidad, protegiendo lo que es mejor y más precioso en sí mismo. Pero a la vez, abierto al mundo para dar y recibir, aprender y enseñar.

## La Puerta de las Ovejas

*"Entonces el sumo sacerdote Elíasib se levantó con sus hermanos los sacerdotes y construyó la puerta de las ovejas"* Nehemías 3: 1

La primera puerta que analizaremos es la puerta de las Ovejas. Las ovejas que habían de ser sacrificadas, como pago por los pecados del pueblo de Dios, pasaban por esta puerta. Estaba ubicada cerca del estanque de Betesda. (Juan 5: 2)

*Antigua puerta de las ovejas y el estanque de Betesda*

Jesús puso fin al sacrificio animal hace 2000 años al convertirse en el Sacrificio Supremo. Él entró a Jerusalén a través de esta puerta para cumplir todas las cosas. *"He aquí el Cordero de Dios que quita los pecados del mundo".* Juan 1:29

Esta puerta representa la salvación. Jesucristo mismo es la puerta, como leemos en Juan 10: 7. Él fue el cordero inmolado (ofrecido a Dios) y sacrificado en nuestro lugar. La Puerta de las Ovejas también nos recuerda la importancia de estar dispuesto a sacrificar o dar cosas materiales. Las ovejas están dispuestas a dar su lana para proveer a otros y eventualmente dan su vida. Una persona con mentalidad de pobreza es la que siempre tiene temor de que no haya suficiente. Es este pensamiento el que mantiene a la gente en carencia y egoísmo. La Puerta de las ovejas es el punto donde se libera tu mente del materialismo y el dinero, estando dispuesto a sacrificarse y convertirse en el sacrificio.

El desapego del dinero y las cosas debe ser elemental para aquellos en el camino espiritual. *"No puedes servir a Dios y al dinero"*. Sin embargo, usted puede servir a Dios y a la humanidad *con* su dinero. Una vez que el enfoque principal ya no es el dinero ni las cosas materiales, entonces estas se manifiestan en abundancia para suplir sus necesidades y las de los demás.

Esta puerta significa el tributo que damos a Dios en alabanza, presentando nuestros cuerpos como un sacrificio vivo y agradable a El. (Hebreos 13:15 y Romanos 12: 1) En el relato que aparece en el libro de Nehemías, el sacerdote Elíasib fue el que re-construyó la puerta de las ovejas. Esto tiene un significado espiritual precioso. La palabra sacerdote significa: *quien se acerca*. Y Elíasib significa: *Dios restaura*. Por lo tanto, Dios restaura a aquellos que se acercan a Él. El primer paso hacia una restauración, es acercarse a Dios.

## La Puerta del Pescado

*"También los hijos de Sená construyeron la Puerta de los Pescados; Pusieron sus vigas y colgaron sus puertas con sus pernos y barras. "Nehemías 3: 3*

La segunda puerta localizada hacia el oeste, es la puerta del Pescado. Los mercaderes que traían peces a la ciudad pasaban por esta puerta. El ruido y el movimiento eran característicos en esta entrada. Habrá muchas cosas que le distraigan de su propósito o meta, y es imperativo que usted permanezca enfocado. El pez simboliza la multiplicación, la abundancia. Hay una abundancia fuera de esas puertas. Un tesoro abundante en almas.

*La destruida puerta del Pescado*

Según la palabra de Dios, somos *"pescadores de hombres" Mateo 4:19*. Los traemos a Jesús, hacia la puerta de la salvación porque muchos de ellos todavía están afuera. Debemos llevarlos al conocimiento de Cristo, impartiéndoles palabras vivas de esperanza y liberación. Compartir nuestras experiencias nos da poder y libera el poder para superar las circunstancias. En Juan 21, Jesús realiza un milagro después de su resurrección. El apóstol Pedro captura inmediatamente 153 peces cuando Jesús le da la orden. Uno podría preguntarse, ¿por qué tomaron tiempo en contar los peces y por qué es importante? No eran sólo los peces. Fueron 153 clases de peces que tanto asombraron a los apóstoles hasta el punto de que esto fue registrado. Los judíos pensaban que Dios sólo estaba interesado en ellos y todos los otros eran sólo animales que no merecían salvación.

El milagro de los 153 diferentes tipos de peces representaba a toda la humanidad: toda raza, color, religión y cultura. Todos ellos serían llevados a través de la Puerta de los Peces a una nueva experiencia en Jerusalén. Además, ¿sabía que el valor numérico invertido de 153 es: Hijos de Dios? ¡Asombroso! Según el libro de Nehemías, los hijos de Sená fueron quienes reconstruyeron esta puerta. Su nombre significa: *lo espinoso. Llevado a cabo con sufrimiento y dolor.* Esta puerta tiene el significado espiritual de nosotros como testigos. Y muchas veces, testificar cuesta y trae dolor. Dolor al ver que muchos no desearán entrar a la puerta de la vida, y preferirán morir en sus pecados.

## La Puerta Antigua

»*La puerta Vieja fue restaurada por Joyadá hijo de Paseaj y por Mesulán hijo de Besodías, quienes recubrieron de madera las puertas y les pusieron cerraduras y cerrojos.*"

Nehemías 3:6

En esta puerta, se sentaban los ancianos, los líderes de la ciudad, a vigilar y guardar todo lo que entraba y salía. Ellos eran como una especie de consejeros.

En Jeremías 6:16 leemos: «*Deténganse en los caminos y pregunten por los senderos de otros tiempos; miren bien cuál es el buen camino, y vayan por él. Así hallarán ustedes el descanso necesario para sus almas*". Hay que ser humilde y reconocer que esas puertas antiguas aún prevalecen en valores y principios morales. La moral de Dios nunca cambia y tenemos que tomar esto siempre en cuenta. Jesús nos enseñó en Mateo 11:29 "*Lleven mi yugo sobre ustedes, y aprendan de mí, que soy manso y humilde de corazón, y hallarán descanso para su alma*".

La puerta antigua debe ser reconstruida en estos tiempos actuales. Tal como lo hizo *Joyadá*. Su nombre significa: *Dios conoce.* El nombre de su padre: *Paseaj* quiere decir: *el que renquea. Mesulán* por otro lado significa: *amigo.* Por lo tanto, hay un mensaje encerrado en este versículo. Un mensaje directo del corazón de Dios: *"Dios es tu amigo y sabe, conoce que renqueas".* Cuán maravilloso es nuestro Dios. El pueblo cristiano ha descartado la verdadera espiritualidad (la Puerta Vieja) y ha elegido la religión. La religión contemporánea tiene muy poco que ofrecer. Líderes se han convertido en maestros del mercantilismo, del entretenimiento y atracción de las grandes multitudes. Saben qué palabras usar para la activación psicológica y cómo despertar las emociones. Tienen habilidades oratorias pero sus acciones están vacías. (Mateo 23:3)

*la puerta Nueva hoy en día se encuentra en la misma proximidad*

La puerta antigua representa además, nuestros hábitos y costumbres pasados, que eran tóxicos y fuera del orden divino. *"Estás parado en la encrucijada, así que considera tu camino" Jeremías 6:16.* Hay una decisión que tomar. La decisión de despojarse de la vida antigua; esa vida que no incluía a Dios como prioridad. *"En cuanto a su pasada manera de vivir, despójense de su vieja naturaleza, la cual está corrompida por los deseos engañosos;" Efesios 4:22.* La puerta del alma debe guardarse. Su primera estación es nuestra mente, donde se desarrolla una batalla constante entre pensamientos y estructuras mentales. Es menester restaurar la puerta del alma, para que a través de ella solo entren pensamientos que edifiquen y den crecimiento espiritual. Aquí es donde se revela la sabiduría divina y antigua. Esta sabiduría es necesaria para lograr completa restauración.

## La Puerta del Valle

*"Janún y los habitantes de Zanoaj restauraron la puerta del Valle; reconstruyeron mil codos de la muralla, hasta la puerta del Basurero, y a las puertas les pusieron cerraduras y cerrojos." Nehemías 3:13*

La siguiente puerta, fue por donde el profeta Nehemías comenzó su inspección para poder determinar la reconstrucción del Muro. Esta puerta iba a dar al valle de Hinom, donde se encontraba el GEHENA. Identificado metafóricamente con la entrada al mundo del castigo en la vida futura. Este valle estaba fuera de la muralla sur de la antigua Jerusalén, y se extendía desde el pie del Monte Sion hasta el valle de Cedrón, al este. Es mencionado en la Biblia en diversos versículos como «valle de Hinón». No se describe como el infierno, sino como un valle real situado en Jerusalén (Josué 15:8 y 18:16, II Reyes 23:10, II Crónicas 28:3 y 33:6, Nehemías 11:30, Jeremías 7:31~32, y 19:2, 19:6 y 32:35). Esta referencia negativa no es porque fuera un lugar feo, sino por las atrocidades que se cometieron allí. Se convirtió en un lugar de matanza y más adelante en el lugar utilizado para incinerar los desperdicios de Jerusalén.

*La puerta del valle que fue excavada en 1927 por Crowfoot.*

Hubo un tiempo en que se quemaban tantos cadáveres, de personas y animales, al igual que basura de todo tipo, que el fuego nunca se apagaba. Fue en ese valle que los israelitas quemaban a sus hijos a Moloc (dios pagano) (II Crónicas 33:1-9)

*Janún* restauró esta puerta del Valle. Su nombre significa: *"Con gracia"*. La gracia de Dios nos lleva al valle de la decisión. Y aunque sea un valle de sombra y de muerte, no temeremos. Es aquí donde el hombre debe tomar una decisión entre la vida y la muerte espiritual. Delante de esta puerta, el hombre es presentado ante dos caminos. El camino que lleva a la vida, a través de Jesucristo, o el camino a la muerte eterna, separado de Dios.

## La Puerta del Muladar

*"Y Malquías, hijo de Recab, oficial del distrito de Bethaquerem reparó la puerta del Muladar. La edificó y asentó sus hojas, sus cerrojos y sus barras." Nehemías 3:14*

También conocida como la puerta del basurero. Ésta era la puerta a través de la cual se sacaba la basura y el estiércol de la ciudad; de allí recibió su nombre en el siglo II.

*La Puerta del Muladar hoy en día en Jerusalén*

145

A partir de los siglos XII al XV, la Puerta del Muladar de la Ciudad Vieja de Jerusalén se llamó Puerta de los Curtidores debido a su proximidad a la Piscina de Siloé, cuyas aguas eran consideradas inaptas para beber pero excelentes para curtir. La puerta del Muladar estaba situada a lo largo de la pared sur, la más cercana al Monte del Templo. Por allí sacaban la basura que iba a ser quemada en Hinom. Toda ciudad tiene un lugar donde sacar la basura para ser quemada o destruida. De la misma manera el ser humano, está físicamente diseñado para deshacerse de los residuos o desechos corporales. Si no fuera así, el cuerpo entero se contaminaría. Es importante mantener el cuerpo sano. Pero también una mente sana. Saca de tu mente esos pensamientos inertes, negativos y destructivos. *"Ten cuidado de no abrigar en tu corazón pensamientos perversos."* Deuteronomio 15:9

Permítele al Señor escudriñar y buscar en tu corazón esos pensamientos que no le agradan a él. *"¡Ponme a prueba, Señor! ¡Examíname! ¡Escudriña mis anhelos y pensamientos!"* Salmo 26:2 *"Señor, examina y reconoce mi corazón: pon a prueba cada uno de mis pensamientos."* Salmo 139:23

*Malquías,* fue quien restauró esta puerta. Su nombre significa: *"Mi Dios es Yaweh".* Él fue hijo de Recab, a quien Dios le había hecho una promesa: *"No faltará uno de mis descendientes que esté en mi presencia todos los días"* Jeremías 35:19 Cuando hacemos del Señor nuestro Dios, todo lo inservible, contaminado y tóxico de nuestras vidas comienza a ser desechado. Esa limpieza comienza primero con una actitud personal de rendimiento y disposición. Luego lo llevamos a la práctica. *"Despojándonos de toda contaminación física y espiritual, perfeccionándonos en la santidad y temor de Dios"* (2 Corintios 7:1). Por lo tanto, haciendo del Señor nuestro Dios, experimentaremos Su presencia.

## La Puerta de la Fuente

»*La puerta de la Fuente fue reconstruida por Salún hijo de Coljozé, que era gobernador de la región de Mispá; fue él quien recubrió de madera las puertas, y quien les puso cerraduras y cerrojos; además, reconstruyó la muralla del estanque de Siloé, que va hacia el huerto del rey y llega a las escaleras que bajan de la ciudad de David." Nehemías 3:15*

La puerta de la Fuente recibe su nombre por ser el principal acceso a la Fuente, el manantial de Gijón, que era el principal almacenaje de Agua de Jerusalén y que representa a Dios mismo (Salmo 36:9; Isaías 8:6). Esta sexta puerta estaba localizada cerca del pozo de Siloé, el mismo donde Jesús le dijo al ciego que el sanó, que se lavara sus ojos. (Juan 7:9)   Él le echó lodo en los párpados, y después le dijo que se fuera a lavar al estanque de Siloé.  Antes de conocer a Jesús como Señor y Salvador personal, las personas tienen enlodados los ojos, y les incapacita a ver las cosas espirituales.  Pero al lavar los ojos en la fuente de aguas vivas del Espíritu Santo, Él abre los ojos para que podamos ver la realidad espiritual. Hasta aquí, es interesante contemplar el orden de los acontecimientos, puerta por puerta. Cada puerta es una estación o una grada en el proceso de restauración y crecimiento. Ya hemos pasado por la salvación del alma, a través de una escogencia entre la vida y la muerte espiritual.

Luego la sanidad de la mente y corazón, dejando atrás la antigua manera de vivir y despojándose de hábitos sucios e infructíferos. Hasta llegar a la limpieza y lavamiento a través de la palabra de Dios. *"Cristo amó a la iglesia, y se entregó a sí mismo por ella, para santificarla. Él la purificó en el lavamiento del agua por la palabra"* Efesios 5:25-26. La restauración de esta puerta es vital para nuestra vida espiritual. Somos cisternas o pozos quebrantados y agrietados. No podemos retener lo bueno así. (Jeremías 2:13) *Porque dos males ha hecho mi pueblo: me han abandonado a mí, fuente de aguas vivas, y han cavado para sí cisternas, cisternas agrietadas que no retienen el agua.*

Esta puerta, al momento en que Nehemías hizo el recorrido por la muralla, estaba en tan mal estado, que no pudo pasar a través de ella. Tal como leemos en el Capítulo 2 de Nehemías. *"Luego me dirigí a la puerta de la Fuente y al estanque del Rey, pero como mi caballo no podía pasar subí al torrente y observé la muralla."*

Es muy importante su reconstrucción. Y la única manera de hacerlo, fue comenzando la reconstrucción de las otras puertas. Si tú has creído en Jesucristo, y te has entregado por completo a Él, el proceso ha comenzado. Y de tu interior brotarán ríos de agua viva, porque Jesús es la fuente. (Juan 7:38) Una fuente de agua viva es la que fluye; es aquella que no está estancada. La enseñanza sana de la palabra de Dios hace que el fluir de Dios permanezca. *"La enseñanza del sabio es fuente de vida"* Proverbios 13:14 Busca por lo tanto, aprender de los aspectos espirituales de una manera sana y adecuada, pues si aprendes lo incorrecto, el fluir cesará y el agua se estancará. *Salún* fue quien restauró esta puerta. Él era un oficial del distrito de Mizpa y quiere decir *atalaya*. Un atalaya es una torre situada en un lugar alto para vigilancia. Vigila tu proceso. No te estanques.

Para que esa fuente fluya en nosotros debemos de cuidar y vigilar cómo caminamos delante de Dios. *Salún* también significa *retribución*. Coljozé significa: *El que todo lo ve.* Por lo tanto, Dios (Quien todo lo ve) dará Su retribución a aquellos que beban del agua que Jesús ofrece (Juan 4:14)

## La Puerta del Agua

*"Los sirvientes del templo que habitaban en Ofel no se quedaron atrás, pues restauraron incluso el frente de la puerta de las Aguas y la torre que sobresale." Nehemías 3:26-27*

Hay un túnel subterráneo de aguas que fluían desde la Puerta de la Fuente a la puerta del Agua. Todavía existe. Este pequeño arroyo tenía una pequeña compuerta y cuando se cerraba, el agua se desbordaba e inundaba el "Azarah". De este modo se podía limpiar fácilmente la sangre que había en las losas del suelo, y principalmente en el área donde se realizaba los sacrificios de los animales. Para dar salida al agua había unos desagües en forma de albañales con unas pequeñas compuertas, cuando se

*Fotografía por: Stephen Langfur*

abrían estas trampillas, salía el agua con todos los restos hacia el valle del Cedrón.

Esta puerta permanecía cerrada casi todo el año, y sólo se abría durante las celebraciones de las últimas fiestas bíblicas del mes séptimo. En el último día de la Fiesta de Tabernáculos, se llevaba a cabo la *"Ceremonia del Agua"*. Los sacerdotes sacaban agua del manantial de Siloé, pasando por la Puerta de la Fuente, y luego la entraban por la Puerta de las Aguas, que quedaba cerca del Templo. En el Antiguo Testamento, cuando las personas se acercaban a Dios lo hacían limpiándose con agua. Hoy el cristiano continúa su proceso hacia la restauración y crecimiento pasando por las aguas del bautismo. El bautismo representa el hacer morir la vieja naturaleza, entrando al agua, y saliendo del agua como una persona diferente. El bautismo es un acto que representa el compromiso personal con la fe. Es simbolismo de purificación. En el Antiguo Testamento, los sacerdotes debían limpiarse con agua antes de entrar al lugar Santo.

En la parte interior de la Puerta de las Aguas, se encontraba un salón conocido como "la Cámara Avtinus", que era el lugar donde se preparaba el incienso especial que se quemaba en el Incensario de Oro, localizado en el Lugar Santo del Templo. La cámara fue nombrada así en memoria de una ilustre familia sacerdotal (Avtinas) encargada de proporcionar estas especies. El método, o receta, para preparar la ofrenda especial de incienso de estos ingredientes era un secreto cuidadosamente guardado, transmitido de generación en generación dentro de las filas de esta familia. Además de la identidad de las especies y las cantidades exactas y la forma en que se preparan, el clan protegió otro importante secreto de su comercio: La identidad de una hierba conocida en hebreo como ma'aleh ashan, literalmente *"lo que causa que el humo se levante."*

Esta hierba tiene una cualidad que permite que el humo del incienso subiera al cielo en una columna recta. En nuestro propio tiempo, algunos han especulado que esta puede ser la planta Leptadenia pyrotechnica, que contiene ácido nítrico.

El Midrash (1) (Shir HaShirim Rabbah, 3: 4) proporciona varios vislumbres conmovedores de la familia Avtinas, que nos hablan de la gran dedicación que ardía en sus corazones por su santa ocupación:

*"La familia Avtinas era experta en la preparación de las especias de incienso, y sabía cómo usar la hierba ma'aleh ashan, que hacía que el humo se levantara. Pero los rabinos preocupados de que se enseñara estas cosas a otros, les suspendió de su oficio. Eruditos fueron enviaron a Alejandría para los artesanos calificados, y se comprometieron a intentar duplicar el incienso de los Avtinas. Estos artesanos eran expertos en las especias, pero no podían hacer subir el humo en una columna recta como el de la familia Avtinas...el humo de su incienso se difundía de inmediato y se dispersaba*

1. compilación de enseñanzas en forma de comentarios legales, exegéticos u homiléticos del Tanaj (Biblia hebrea).

*por lo que volvieron a poner a la familia Avtinas en su anti-
guo oficio y duplicaron su salario".* La razón por la cual
nunca fue transmitido este secreto, fue para evitar la idolatría.  (*En el Talmud Vol. 12, Seder Mo'ed, (Vol. IV),
Shekalim, Capítulo V, pag. 19: La Casa de Avtinas preparaba el incienso*)

La puerta del Agua también era donde la gente se
reunía para escuchar la palabra de Dios en boca de Esdras
(escriba y sacerdote en los tiempos de Nehemías)

Mientras la ley era leída, los
levitas explicaban al pueblo la lectura,
y el pueblo estaba tan interesado que
no se movía de su lugar.  Y es que la
lectura de la ley se hacía con mucha
claridad, y se recalcaba el significado,
de modo que el pueblo pudiera entender lo que escuchaba. (Nehemías
8:7)    Como todo el pueblo lloraba
al escuchar las palabras de la ley, el
gobernador Nehemías, el sacerdote y
escriba Esdras, y los levitas que explicaban al pueblo el
sentido de la ley, dijeron: «*Este día está consagrado al Señor, nuestro Dios. No hay razón para que lloren y se pon-
gan tristes.*» «*Vayan y coman bien, pero compartan todo
con los que nada tienen. Éste día está consagrado a nuestro
Señor, así que no estén tristes. El gozo del Señor es nuestra
fuerza.*»  Una traducción más literal de esto es El gozo del
Señor es nuestra Muralla. Es decir, el gozo del Señor es un
refugio donde uno se pone a salvo. Es una muralla de protección.  El Espíritu Santo es el que hace que la palabra de
Dios viva para nosotros, permitiendo que la limpieza, el
ánimo y la dirección tengan lugar en nuestra vida.

## La Puerta del Caballo

*"Los sacerdotes reconstruyeron la puerta de los Caballos, y el tramo de la muralla que estaba frente a su casa." Nehemías 3:28*

Esta puerta se encuentra entre la Puerta del Agua y la Puerta Este y se incorpora al muro de Ofel, mirando al valle de Kidrón (Ver Nehemías 3: 26-29) Algunos rabinos suponen que, para ir al templo, una persona podría ir a caballo a la Puerta del Caballo, pero entonces estarían obligados a desmontar y dejar su caballo aquí, ya que un caballo no podía ir más allá de este punto. (1)

Esta puerta era por donde salían los soldados del rey rumbo a la batalla. El caballo en la Biblia representa guerra espiritual. En la antigüedad los caballos no eran usados como medio de transporte ni para tareas agrícolas (como lo eran los burros y camellos) sino principalmente para la guerra. No es de sorprendernos, que después de pasar por las aguas y ser limpiados a través de la palabra de Dios vengan aflicciones y pruebas. Por lo general, después de haber recibido una palabra refrescante o una bendición, el desafío no está muy lejos. La batalla está en la mente y la imaginación. Las poderosas imágenes inducidas por el miedo pueden provocar las emociones que nos hacen pasar por alto el razonamiento inteligente y tomar decisiones basadas en la desinformación. Entonces la batalla se va perdiendo y debe repetirse hasta que se alcance la victoria. Tendremos aflicción y lucha pero el Señor nos ha dado una armadura poderosa en tiempos de guerra. Efesios 6:10,12-13 nos describe dicha armadura. Vivimos en una zona de guerra! ¡Tenemos que estar preparados!

---

1.Comentario de Adam Clarke, base de datos electrónica. Copyright (c) 1996 por Biblesoft, en Nehemías 3:28

## Nuestra Armadura

La buena noticia es que si nos vestimos con la armadura de Dios: en la verdad, la justicia, la fe, la paz, la salvación y la Palabra de Dios; y si aprendemos a tomar cada pensamiento cautivo, y si aplicamos la verdad encontrada en la Palabra de Dios a cada argumento, Seremos VICTORIOSOS, porque *"Dios es fiel, no dejará que seas tentado más allá de lo que puedes soportar, pero cuando seas tentado, él también proveerá una salida para que puedas soportar". (1 Corintios 10: 13-15)*

Es curiosos que en esa puerta, Atalía (descendiente de Jezabel y que permitía el culto a otros dioses) fuera ejecutada. (2 Reyes 11:19-20) Es a través de nuestra guerra espiritual que todo pensamiento que se levanta en contra de la palabra de Dios es capturado y aniquilado.

Los sacerdotes, cada uno en frente de su casa fueron los que restauraron la puerta del Caballo. Es menester que cada cabeza de hogar restaure el altar familiar y se comprometa en guerra espiritual para proteger a su familia. La restauración de los hogares es primordial, y entonces vendrá restauración a nuestras congregaciones. Había otros hombres nombrados reparando la Puerta del Caballo como Sadoc, que significa *justo*. Sadoc es una sombra del Rey de Justicia, el sacerdote Melqui-sedec. David dijo: *"Levanten la cabeza, oh puertas, y entrará el rey de la gloria." Salmos 24.* El Rey de Gloria, el Señor fuerte y poderoso en la batalla entra para capacitarte para vencer.

## La Puerta del Este

*"... y lo mismo hizo Semaías hijo de Secanías, que era el guardián de la puerta Oriental." Nehemías 3:29*

A diferencia de las otras puertas, que fueron mencionadas específicamente junto con los que las habían reparado, esta puerta no necesitó reparaciones. Sabemos del pasaje anterior que había una Puerta Este, y que tenía un guardia, conocido como Semaías *(Dios ha escuchado),* hijo de Secanías. Este Semaías pudo haber sido considerado como descendiente del Semaías de 1 Crónicas 26: 6, cuyo deber era guardar el templo. Si este es el caso, entonces la Puerta Este es sin duda la puerta oriental del templo. Esta puerta era la entrada directa al templo. Según la tradición cristiana, fue por esa puerta que Jesucristo entró a Jerusalén montado en un asno.

La puerta del Este conducía al Monte de los Olivos. *(El aceite de los olivos o las aceitunas se utiliza como cocción y para proveer luz.)* También se cree, debido a su posición que esta es la misma puerta que describe Hechos 3:2 que llamaban La Hermosa. También se le conoce como La Puerta Dorada. La Puerta dorada fue amurallada por los árabes en el año 810 d.C.

Y ha permanecido cerrada hasta ahora desde el 1541, por orden de Solimán el Magnífico porque, según la tradición judeo-cristiana, es la que utilizará el Mesías para entrar en la ciudad (Zacarías 14:4). Así que, para impedir la entrada del Mesías, los árabes sellaron esa puerta; pero lo curioso es que realmente no pudieron evitar que se cumpliera otra palabra profética, pues en Ezequiel 44:1 y 2, podemos ver cómo Jesús cumplía otra profecía dada en la Escrituras:

*«Esta puerta permanecerá cerrada. No se abrirá, ni entrará nadie por ella, porque por ella entró el Señor y Dios de Israel; así que permanecerá cerrada. En cuanto al príncipe, él podrá sentarse allí para comer pan delante del Señor, porque es el príncipe; pero deberá entrar por el vestíbulo de la puerta, y por allí también saldrá.»*

Este es un acto profético, ya que durante la segunda venida de Jesucristo a la tierra, el abrirá esa puerta. Jesús ascendió desde el Monte de los Olivos justo fuera de la Puerta Este y allí mismo tendrá un regreso literal. *"Entonces me llevó a la puerta que miraba hacia el oriente, Vi la gloria del Dios de Israel que venía del oriente, el sonido era como el agua que corría, y la tierra irradiaba su gloria. La gloria de El Señor entró en el templo por la puerta que mira hacia el este. Ezequiel 43: 1-2,5*

Tú eres el Templo y el Señor ha entrado en ti. Levántate y resplandece para que la gloria del Señor, se levante sobre ti.

## La Puerta del Juicio

*"Malquías, el hijo del platero, restauró el tramo de la casa de los criados del templo y de los comerciantes, que está frente a la puerta del Juicio, hasta llegar a la sala de la esquina. " Nehemías 3:31*

Malquías quiere decir mi Rey es el Señor. Su oficio era el de orfebre, que es un artesano que trabaja con oro. Cuando hacemos del Señor el Rey de nuestras vidas, toda sensación de juicio es quitada de sobre nosotros. Esto sucede cuando anhelamos la madurez, y estamos sometidos a los lineamientos del gobierno celestial.

El juicio de Dios, sobre los que son verdaderos creyentes, en realidad es una inspección. Esto ocurre cuando nuestras vidas son inspeccionadas y revisadas apropiadamente. La Biblia habla de dos juicios por separado pero simultáneos. El juicio del trono Blanco y el Tribunal de Cristo. (Apocalipsis 20:11 y 2 Corintios 5:10) Habrá una separación entre el trigo y la cizaña, entre las ovejas y los cabritos.

Puerta del Juicio

Existen dos palabras Griegas traducidas como "trono": thronos y bema. Un bema es literalmente una "plataforma" o "tribunal", pero en realidad se puede utilizar para una variedad de propósitos. Aristóteles usa la palabra "bema" para describir la plataforma donde habla un gobernante. Alguien puede usar un bema como un "púlpito alto para ser escuchado más lejos". Pablo está hablando de un juicio, donde los creyentes serán presentados para que cada uno reciba según lo bueno o lo malo que haya hecho mientras estaban en el cuerpo. Tanto para lo uno como para lo

BEMA

otro, se requiere una inspección detallada de las obras de cada uno. Cada uno será juzgado debidamente. Por lo tanto primero debemos juzgarnos a nosotros mismos y ver nuestras fallas antes de ver las fallas de los demás. Permitamos que Dios a través del Espíritu Santo nos pueda inspeccionar, discernir, entender, vigilar, calificar y corregir nuestras propias actitudes antes de corregir a los demás.

La Puerta del Juicio También conocida como la puerta de Miphkad, tiene una conexión militar y según la tradición fue en esta puerta que David se reuniría con sus tropas para inspeccionarlas. Era en esta puerta donde los siervos se reunían para recibir asignaciones e instrucciones. Este sitio, la Puerta de Miphkad más tarde se convirtió en el portal en el patio del Templo de Salomón.

## La Puerta de la cárcel

*"Caminamos desde la Puerta de Efraín hasta la Puerta Vieja, seguimos a la Puerta del Pescado, la torre de Jananel, la torre de Hamea y la Puerta de las Ovejas, y nos detuvimos en la Puerta de la Cárcel." Nehemías 12:39*

Llamada también la puerta de la Guardia o de la Prisión. Se llamaba así porque los que cometían una falta eran llevados también a la guardia para tenerlos presos hasta que se resolviera su situación. Esta puerta no necesitó ser restaurada. Es la Puerta de la prueba. Tenemos que ser probados como el oro. Cuando venimos a Cristo, somos pulidos para ser aprobados por Dios, siendo limpiados de todo pecaminosidad. En 1 Pedro 1:7 dice: *"para que sometida a prueba vuestra FE, mucho más preciosa que el oro, el cual aunque perecedero se prueba con fuego, sea hallada en alabanza, Gloria y honra cuando sea manifestado Jesucristo"*.

*Arqueólogos encuentran posible sitio donde Jesús fue enjuiciado*

159

Es nuestra responsabilidad velar, defender, custodiar, amparar y proteger nuestra alma para que los muros y las puertas no sean destruidas nuevamente.

El Código Penal Hebreo Antiguo no conocía la cárcel como castigo legal, porque los israelitas no privaban a nadie de su libertad, sino que se pagaba vida por vida, pero se usaba como medida para mantener al transgresor a disposición de las autoridades.

En Judea las leyes eran simultáneamente religiosas y jurídicas. Se contenían en el antiguo testamento o biblia. Su fundamento era el decálogo, es decir los diez mandamientos. (nota: *El Talmud, corresponde a un compendio de leyes civiles judías y es la mayor aportación a la literatura rabínica en la historia del judaísmo. Siendo una de las obras más importantes es el Mishné Torá que es la Repetición de la Torá, hacia el 1180, escrito por el rabino, filósofo y médico español Maimónides; (se trata de un resumen de toda la literatura legal rabínica que existía).*

Había porteros guardando esta puerta. *"Los porteros eran: Salún, Acub, Talmón, Ahimán y sus hermanos, Salún era el líder, éstos han sido hasta ahora los porteros en la puerta oriental del rey.".* 1 Crónicas 9: 17-18

Esta puerta representa la entrada a nuestra mente. Hay porteros estacionados para guardar tu mente, emociones e imaginaciones. Salún significa *retribución*. Acub significa *insidioso*.

Talmón significa *opresor*. Nuestra mente debe ser guardada de todo opresor dañino que desee una retribución. Dios nos está hablando directamente aquí. ¿Puedes verlo? Pero hay un jefe más de guardia, su nombre es *Ahimán*. Ahimán significa: *"mi hermano es un regalo"*.

Refiriéndose la humanidad entera. Sin importar si piensan diferente o si se ven distintos.

Estos guardianes custodiaban el tesoro del Templo y eran responsables de abrir el Templo. Ellos estuvieron expuestos a sus secretos y a las habitaciones ocultas que nadie más podía ver. Estaban a cargo de los servicios del Templo, el mobiliario y sobre toda el Arca. Así que este trabajo fue altamente estimado por el Rey David que gritó en uno de sus salmos: *"Prefiero ser un guardián en la casa de mi Dios que morar en la morada de los impíos ".*

## La Puerta de Efraín

*"El pueblo salió a cortar ramas para hacer las cabañas. Algunos las hicieron en las azoteas de sus casas; otros las pusieron en sus patios, o en el patio del templo, o en la plaza de la Puerta de las Aguas, y hasta en la plaza de la Puerta de Efraín."* Nehemías 8:16

Próxima a la puerta antigua se encontraba la puerta de Efraín. También llamada la puerta de Benjamín en Jeremías 37:13 pues conducía al territorio de Efraín y de Benjamín. Esta puerta se encontraba al inicio de un largo valle, una depresión llamada *"el valle de los queseros".*

Este valle atraviesa el actual centro de la Ciudad Antigua de Jerusalén y hoy en día se pueden ver partes de la excavación donde estaba la pared paralela a ella. "Efraín" significa *"fecundidad"* o *"doblemente fructífero".*

La abundancia de Dios no significa tener mucho, sino que no te haga falta nada. *"Nada me falta"* Salmo 23.

Esta es la puerta de fruto, de la doble porción, la abundancia y la riqueza. Esta es la "plenitud" o expresión plena de Dios. Estamos destinados a expresar a Dios plenamente. Tú eres doblemente bendecido. Eres doblemente fructífero. Tu fruto demostrará tu madurez. No hay madurez sin fruto.

# Capítulo Once

## La Llave

# La Llave

## Un poco de historia

La llave fue una invención muy antigua. Data de más de 4,000 años y se atribuye su creación a los Egipcios.

Mencionada en las Escrituras. Se llama en hebreo maphteah, es decir, *el abridor* (Jueces 3:25); Y en el Nuevo Testamento Griego kleis: *que cierra* (Mateo 16:19, Lucas 11:52, Apocalipsis 1:18, etc).

La llave de una cerradura oriental era un pedazo de madera de siete pulgadas a dos pies de largo, provista de alambres o clavos cortos, que, cuando se la insertaba en el agujero o ranura, levantaba las clavijas de modo que se podía mover la barra y la puerta se abría. No giraban en el agujero, sino que actuaba como palanca para levantar las clavijas. No eran nada pequeñas ni livianas.

*Llave Antigua de Madera*
*Casa Museo Pazo da Cruz, en a*
*Hermida -Covelo- Pontevedra)*

Las llaves eran a veces de bronce o de hierro, y tan grandes como las que una persona pudiera cargar en el hombro.

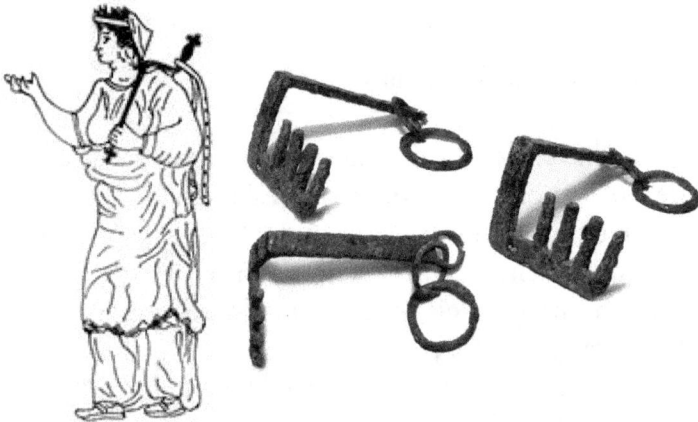

Después del exilio, se encargó a ciertos levitas el servicio de guardia del templo, y se les puso como *"encargados de la llave, aun de abrir de mañana en mañana"*. Tal como leemos en el libro de 1 Crónicas 9:26, 27. En el tiempo de Esdras, cuatro levitas eran los porteros principales, a cargo de la llave del Templo (I Crónicas 27).

### Tipos de llaves mencionadas en la Biblia:

La Biblia menciona las siguientes: Las llaves de la casa de David (Isaías 22:22), Las llaves del reino de los cielos (Mateo 16:19), la llave del conocimiento (Lucas 11:52), las llaves de la muerte y del Hades (Apocalipsis 1:18), la llave del abismo (Apocalipsis 9:1/20:1).

## La llave de la casa de David

En la Biblia encontramos esta frase: *"La llave de David"* un par de veces. Una en el Antiguo Testamento en Isaías 22:22 y la otra en el Nuevo Testamento, en Apocalipsis 3:7. Esta frase se refiere a poseer autoridad legítima para gobernar a Israel, la nación santa de Dios. Por lo tanto, la expresión: "llevar la llave en su hombro" denotaba posesión del oficio. *(Emil G. Hirsch, M. Seligsohn Rabino de Sinai Congregation en Chicago, Profesor de Literatura Rabínica y Filosofía")*

El rey David poseía un tesoro en su casa que guardaba con gran cuidado (1 Crónicas 29:3). Más adelante, durante el reinado del Rey Ezequías, fue Sebna quien tuvo cuidado del tesoro (Isaías 22:15) siendo el Chamberlain del palacio del rey. Sebna puede ser identificado con un oficial designado como "ha-soken" (Isaías 22 15-19), probablemente un cuidador o administrador. Sebna era de origen no-israelita. (1)

Debido a su orgullo, fue expulsado de su cargo y reemplazado por Eliaquim según lo registrado en el Libro de Isaías. Fue hijo de Hilcías, (el Sumo sacerdote en los tiempos del rey Josías) quien halló una copia del libro de la ley en los tesoros del Templo. Esta copia parecía haber sido escrita por el Rey David, como mandato dejado por Moisés y dejado en manos de los levitas (Deuteronomio 17:18)

Isaías proclamó una profecía acerca de Sebna: *"Yo te depondré de tu puesto y te eliminaré de tu posición... en aquel día que yo llamaré a mi siervo Eliaquim hijo de Hilquías...Pondré sobre su hombro la llave de la casa de David. Él abrirá y nadie cerrará; él cerrará y nadie abrirá"*

---

1. *"Ad. Kamphausen, la Profecía de Isaías sobre el Mayor-Domo del Rey Ezequías, en el American Journal of Theology, 1901, pp. 43 y siguientes.*

Eliaquim, por lo tanto se convierte en una representación del "Mesías" futuro. Tal como lo dice Isaías 9:6 *"Porque un niño nos es nacido, un hijo nos es dado, y el dominio estará sobre su hombro."* Una sombra de Jesucristo. El Mesías prometido. Como El se refiere a sí mismo: *"El Santo y Verdadero, el que tiene la **llave de David**, el que abre y nadie cierra, y cierra y nadie abre, dice estas cosas"* Apocalipsis 3:7.

De la misma manera que las llaves antiguas eran de madera y se llevaban sobre los hombros, Jesucristo llevó un madero sobre los suyos. Entregando luego estas llaves a sus discípulos.

## Las llaves del Reino

La llave como símbolo de autoridad se ha entendido como tal desde la época de Jesús. Desde entonces, existían las tradiciones escritas, donde se incluían todos los comentarios de los sabios sobre las Escrituras que los fariseos habían comenzado a interpretar figurativamente. Hoy en día es lo que se conoce como el Talmud. "Talmud" se aplicaba a lo que fue denominado *"Ley Oral"* (Torah-she b'al-Peh). Literalmente significa: *"enseñanza recibida por un discípulo".* Discípulo en hebreo se escribe *"Talmid".* En la tradición judía, se tiene la creencia de que existen, por así decirlo varios juegos de llaves, utilizadas para abrir algún tipo de compuerta. Hay ciertas llaves que sólo las posee el Señor, otras, las perdió el hombre con posibilidad de recuperarlas.

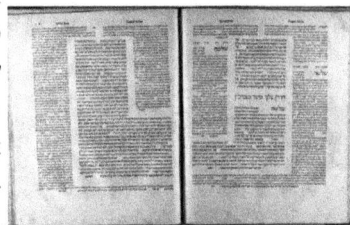

*(TALMUD) obra que recoge principalmente las discusiones rabínicas sobre leyes judías, tradiciones, costumbres, narraciones y dichos, parábolas, historias y leyendas.*

Jesús sabía de estas tradiciones orales, usadas por los fariseos. Por lo que a menudo citaba frases conocidas por ellos, para aclararlas a sus discípulos. Jesús exhortó a los maestros de la ley muchas veces porque ponían sus propias tradiciones orales por encima del mandamiento de Dios, quebrantándolo: *"Él les respondió diciendo: —¿Por qué también ustedes quebrantan el mandamiento de Dios por causa de su tradición?" Mateo 15:3 "Les decía también: —¡Bien desechan el mandamiento de Dios para establecer su tradición!" Marcos 7:9.* De la misma manera reprende a los maestros de la Ley de su tiempo, diciéndoles: *"¡Ay de ustedes, maestros de la ley!, que se han apoderado de la llave del conocimiento; pero ni ustedes mismos entran ni dejan entrar a los que quieren hacerlo."* La llave del conocimiento involucraba la facultad de percibir y conocer la sabiduría moral.

### Tres llaves

En el Talmud se encuentra la siguiente aseveración: *"Tres llaves están en la mano de Dios, las cuales Él nunca confía a ningún ángel... "(Sanh. 113a, Ta'an, 2a).*

### La llave de la lluvia

Leemos en Deuteronomio 11:14 *"Yo (el Señor) enviaré a su tierra la lluvia a su tiempo, tanto la lluvia temprana como la tardía..."* y En Deuteronomio 28:12 leemos de nuevo: *"Él te abrirá su buen tesoro, los cielos, para dar lluvia a tu tierra en su tiempo y para bendecir toda la obra de tus manos".* El propósito de la lluvia es preservar la vida en la tierra. Sin lluvia las semillas no crecen ni los árboles dan fruto. Sólo Dios es quien envía la lluvia, abriendo las compuertas de los cielos. Dios es quien tiene la llave.

# Domando Leones

Esta lluvia puede ser física o también espiritual. Hay un "buen" tesoro en los cielos al que sólo Dios tiene acceso. Desde el principio, es Dios quien ha determinado cuándo abrir o mantener cerradas dichas compuertas. *"si él detiene las aguas, viene la sequía; si envía lluvias torrenciales, la tierra se inunda." Job 12:15*

*"No hay entre los ídolos de las naciones uno solo que haga llover. ¡Pero tú, Señor, eres nuestro Dios! ¡Tú eres quien nos manda del cielo las lluvias! Por eso esperamos en ti, pues tú haces todas estas cosas." Jeremías 14:22*

La Biblia también menciona varias oportunidades en que esa llave fue entregada a un ser humano. Tal fue el caso de los profetas: Elías y Samuel.

*"Elías, un tisbita que vivía en Galaad, fue a decirle a Ajab: «Vive el Señor, Dios de Israel, en cuya presencia estoy, que en los años que vienen no va a llover, y ni siquiera va a caer rocío, a menos que yo lo diga.» 1 Reyes 17:1*

*"Y ese mismo día Samuel clamó al Señor, y el Señor envió truenos y lluvias, y todo el pueblo sintió temor ante el Señor y ante Samuel." 1 Samuel 12:18*

No existe nadie que pueda controlar el clima en su totalidad, sin causar daños. El hombre puede intentar "sembrar nubes" como ya se hace en el estado de Texas, donde la lluvia producto de estas siembras, dura más e inunda la tierra.[1] Pero sólo Dios sigue teniendo el control. Cuando entendemos que somos "siervos" y que El Señor es el único que sigue estando a cargo, es cuando empezamos a comprender Su grandeza y nuestra pequeñez. Dependemos de El, porque El es el creador de todas las cosas. Puede haber una transferencia temporal de poder. Podemos actuar en Su nombre...pero El sigue estando a cargo. Dios le dio temporalmente la llave de la lluvia a Elías (1 Reyes 17:1) pero un Capítulo más tarde, es el Señor quien hace llover.

---

1. *Artículo en ABCNews.com Febrero 7, 2007 por: Lee Dye "Científicos siembran nubes para hacer llover"*

## La llave de la fecundidad

La Segunda llave es la llave de la matriz de la mujer. *"Y vio el SEÑOR que Lea era aborrecida, y abrió su matriz"* Génesis 29:31

Cuando una mujer está dando a luz, la presencia del Señor está cercana y personalmente "tiene la llave" para abrir su útero. Es impresionante como el hombre trata de tomar el lugar de Dios, queriendo controlar el clima y la naturaleza. La ciencia y la tecnología han avanzado y hasta se han "reproducido" varias condiciones climatológicas y naturales. Desde el principio ha sido así. En el libro de Éxodo, los magos y hechiceros de ese tiempo imitaron y reprodujeron varios fenómenos naturales, pero al final, no pudieron realizar los demás milagros que sólo Dios había enviado. De la misma manera según *Rab. Avi Bellet*:

*"Podemos fertilizar material reproductivo en tubos de ensayo para implantar un embrión viable en el útero, y podemos incubar fetos, una vez que han desarrollado órganos y características viables, hasta el punto de que, en algunos casos, puedan vivir una vida normal incluso si saliera del útero a las 24 semanas de gestación. Pero no podemos crear los materiales que crean el embrión."*

Solamente nuestro Dios es creador y dador de vida. Por eso en Su mano reposa la llave de la fecundidad. Esto es maravilloso, pues si el Señor vio la condición de esterilidad de estas mujeres en la Biblia y escuchó las oraciones. También hoy lo hará. Mi esposo y yo somos testigos de ello. Jorge y yo leímos en la Biblia un pasaje que hizo saltar algo en nosotros. Hizo saltar la FE. Pusimos nuestra confianza en El, sabiendo que Su perfecta voluntad se haría. *"Y oró Isaac al Señor por su mujer, que era estéril; y lo aceptó Dios, y concibió Rebeca su mujer." Génesis 25:21*

Por eso a quienes cumplen lo dicho por el Señor, recibirán Sus promesas: *"Pero si en verdad oyes mi voz e hicieras todo lo que yo te dijera...No te inclinarás a otros dioses, ni los servirás, ni harás como otros hacen; antes los destruirás del todo, y quebrarás totalmente sus estatuas. Mas al Señor tu Dios servirás, y él bendecirá tu pan y tus aguas; y yo quitaré toda enfermedad de en medio de ti...No habrá mujer que aborte, ni estéril en tu tierra; y yo completaré el número de tus días."*

De la misma manera que nuestro Dios envía lluvia a Su tiempo, produce fertilidad y abundancia en medio de Su pueblo, cualquiera que sea tu condición, si confías en el Señor, El hará proezas en medio tuyo.

## La llave de la Resurrección de los Muertos

*"Tres cosas hay que nunca se sacian; Aun la cuarta nunca dice: !!Basta!: El Seol, la matriz estéril, la tierra que no se sacia de aguas" Proverbios 30:15-16*

La Tercera llave es la llave de la resurrección de los muertos. La encontramos en Ezequiel 37:13 *"Y sabrán que soy el SEÑOR, cuando yo <u>abra</u> sus sepulcros y los haga subir de sus sepulcros, oh pueblo mío."* También la encontramos en Apocalipsis 1:18: *"Yo tengo las llaves de la muerte y del Hades".* Muchas personas confunden el Hades con el infierno y Hades no es sinónimo de "infierno". Hades ᾅδης es la forma Griega en el Nuevo Testamento en lugar de la palabra Hebrea Seol שְׁאוֹל en el Antiguo Testamento. Hades y Seol son lo mismo. Significa: *Lugar de todos los muertos.* Era el lugar destinado a todos los muertos. Incluyendo justos e injustos. Algunas veces traducido "sepulcro", y aparece a lo largo de la Biblia en diferentes pasajes como: Números 16:30/ Salmos 6:5/

172

Deuteronomio 32:22/ Mateo 16:18/ Lucas 16:23/ Hechos 2:31. Todos vamos a ir a un sepulcro. Pero el alma de todos no va al mismo lugar.

Ahora, cuando lea estos pasajes tenga en mente la palabra Seol o Hades; no infierno. Hay una razón para esto. Antes de que Jesucristo muriera, el Hades o Seol, estaba dividido en dos partes: El Seno de Abraham (lugar de los justos) y el Gehena (lugar de los injustos). Dividido por una gran SIMA (XASMA) que ponía separación entre un lugar y otro. ¿Cómo sabemos esto?

Por la historia (no parábola) contada por Jesús en el libro de Lucas Capítulo 16, comenzando el verso 19. Las parábolas no contienen nombres propios, solo las historias verdaderas. Esta es una de ellas, donde Lázaro (un mendigo) es el protagonista. Según la narración de Jesús, hubo un hombre rico, que se vestía de púrpura y de lino fino, y hacía cada día banquete con esplendidez. Allí estaba Lázaro, el cual estaba echado a la puerta de aquel, lleno de llagas... Y aconteció que murió Lázaro, y fue llevado por los ángeles al seno de Abraham; y murió también el rico, y fue sepultado. Esta historia nos da un magnifico detalle de lo que sucede después de la muerte.

173

Nos da una gráfica maravillosa, que nos ayuda a entender todo el concepto del Hades o Seol.

Si continuamos leyendo Jesús dice claramente que el rico alzó sus ojos, estando en tormentos, y vio a Abraham de lejos, y a Lázaro en su seno. Ambos estaban en el Hades (lugar de todos los muertos) pero el rico estaba en un compartimento aparte. Según las mismas palabras de Jesús (y yo le creo firmemente) Abraham le dijo al rico que además de todo esto, una gran sima estaba en medio de ellos (el XASMA) que los separaba, y los que quisieran pasar de ahí hacia allá, no podían, ni viceversa. Entonces comenzamos a armar el rompecabezas y todo tiene sentido. Jesús narró, que el rico estaba en tormento y pedía encarecidamente ser aliviado de la llama que lo atormentaba. Sin embargo, no había llamas en la parte donde Lázaro se encontraba, pero sí donde estaba el rico. Por lo que entonces se entiende que esa parte del Hades era una cámara destinada a sufrimiento eterno. Escudriñando las escrituras, descubrimos que esa parte se llama GEHENA (lugar de tormento) a lo que muchos llaman Infierno, por tener llamas. La palabra Gehena la encontramos en estos pasajes que te sugiero buscar y leer: Mateo 10:28/ Mateo 23:33/ Lucas 12:5/ Santiago 3:6.

No es un error que en el pasaje de Lucas, Jesús usa la palabra HADES (Seol) y no Gehenna. Porque era necesario hacer la diferencia entre los dos lugares: el Seno de Abraham y el lugar de tormento, que de acuerdo a los otros pasajes mencionados también por Jesús es llamado: Gehena. Pero ambos en un solo perímetro: EL HADES.

Dentro del Gehena incluso está un lugar de tormento más profundo llamado Tártaros. (2 Pedro 2:4 y Judas 6) donde actualmente se encuentran los ángeles que pecaron contra Dios.

Jesucristo descendió al Hades *(lugar de todos los muertos o lugar de lo invisible)*. Después de su muerte, estando vivificado en el espíritu, El bajó a las partes más bajas de la tierra (Efesios 4:8-9) predicó a los espíritus encarcelados que habían desobedecido a Dios en el pasado (1 Pedro 3:19-20) No lo hizo directamente en el Gehena, sino desde el lugar donde se encontraban los justos, en el Seno de Abraham y desde ahí ya sabemos que podían escucharlo quienes estaban en el lugar de tormento y el Tártaros. Para los justos, eran buenas noticias pues estos murieron esperando a un Mesías que vendría. Pero para los injustos, y para los ángeles que desobedecieron fue una proclamación de derrota, donde Jesús obtuvo la victoria. Después, Jesús juntó a los justos cautivos (la cautividad de Efesios 4:8) que eran esas almas que Dios aceptó como justos porque tenían fe en un sacrificio que aún no había tenido lugar. Murieron cautivos de la esperanza del sacrificio prometido. Después de que Jesús fue sacrificado, descendió al Hades y de alguna manera tomó a los justos del Hades con él y conformó lo que es el Cielo, dejando el Seno de Abraham o Paraíso, vacío. Por lo tanto, la frase "llevo cautiva la cautividad" que aparece en Salmos 68:18 como profecía y nuevamente en Efesios 4:8 como cumplimiento, significa simplemente: "liberar a los cautivos".

La llave de la resurrección de los muertos, incluye a ambos: justos e injustos. Unos resucitarán para vida eterna, otros para condenación. Y es interesante que en el Antiguo Testamento está esta aseveración: *"Y muchos de los que duermen en el polvo de la tierra serán despertados, unos para vida eterna, y otros para vergüenza y confusión perpetua." Daniel 12:2.* La misma usada por Jesús en Juan 5:28-29 *"No se asombren de esto: Vendrá el tiempo cuando todos los que están en los sepulcros oirán su voz; y los que hicieron lo bueno, saldrán a resurrección de vida; pero los que hicieron lo malo, a resurrección de condenación."*

Tengo una pregunta crucial para usted. ¿Sabe dónde va a pasar la eternidad? Eternamente separado de su creador, de su Dios quien le ama y se preocupa de usted, en un lugar de tormento tal y cual lo describió Jesús, o eternamente con El, continuando una vida eterna realizando el propósito de Dios (no acaba todo después de la resurrección, hay más para aquellos que creen en El). Y si Jesús lo dijo, lo describió, habló de ello y enseñó a sus discípulos para que continuaran llevando esas buenas noticias hasta el fin del mundo, yo también lo creo!

## Las llaves del Hades, la Muerte y el abismo

*"El que vive. Estuve muerto, pero vivo por los siglos de los siglos, amén. Y tengo las llaves de la muerte y del Hades."* *Apocalipsis 1:18* Jesús fue quien dijo esas palabras. El tiene las llaves del lugar de los muertos, incluyendo el lugar donde reside el infierno, el Tártaros y las partes más profundas. El abismo es un pozo profundo situado en el fondo de la tierra, conocido como la morada de los demonios (Lucas 8:31/ Apocalipsis 20:1) Muchos piensan que es el Tártaros y puede traducirse también como abismo profundo. Pareciera que es compartido con los ángeles caídos y los demonios y que se le permitirá a Satanás usar esa llave por un tiempo limitado, pero luego será encerrado en ese hoyo con los ángeles caídos, hasta que llegue el momento en que Dios los juzgue. Jesús ha sido el único que ha resucitado de los muertos sin volver a morir. El está vivo y estará vivo para siempre. Ahora tiene las llaves de la muerte y el Hades (Apocalipsis 1:18). Como vimos paginas atrás, Jesús tiene la llave de David, y por lo tanto, como Mesías y Rey, tiene autoridad para admitir y excluir de Su reino a quien El así lo considere

Jesús también posee las llaves del arrepentimiento y del perdón, (que nos abre la puerta al reino de los cielos) y las da a todo aquel que se quebranta ante Su poder, pues de Jesús está escrito: *"A éste, Dios lo ha exaltado como Príncipe y Salvador para dar a Israel arrepentimiento y perdón de pecados" Hechos 5:31*

**Las llaves del reino de los Cielos**
*"A ti te daré las llaves del reino de los cielos."*
*Mateo 16:18-19*

En este pasaje Jesús le está hablando a Pedro y comienza diciéndole *"yo te digo que tú eres Pedro, y sobre esta roca edificaré mi iglesia, y las puertas del Hades no podrán vencerla. A ti te daré las llaves del reino de los cielos."* Pedro significa "piedra". El significado de su nombre también encierra mucho de su temperamento y manera de actuar. Una persona definida y fuerte; de convicciones establecidas y duraderas. Es sobre estas convicciones que Jesucristo establece el fundamento de Su iglesia. Por eso pone énfasis en dicha confesión que está en el verso 16 como: "LA ROCA" sobre la cual la iglesia de Cristo es fundada: *"Simón Pedro respondió: «¡Tú eres el Cristo, el Hijo del Dios viviente!» Entonces Jesús le dijo: «Bienaventurado eres, Simón, hijo de Jonás, porque no te lo reveló ningún mortal, sino mi Padre que está en los cielos" Mateo 16:16-17*

Esa roca de la que habla Jesús no es la figura de Pedro. La roca Principal es Jesús. Tal como lo dice la Biblia en: 1 Pedro 2:6-8/ Romanos 9:33/ Hechos 4:11

Jesús no vino a fundar una iglesia. El no vino a formar una institución, sino un organismo. La palabra "iglesia" ἐκκλησία ekklēsia, se deriva de una raíz Griega: Kaleo, que quiere decir *"llamado"*. Sólo los organismos vivos pueden "moverse" o "reunirse".

Eklesia es por lo tanto, un llamado hecho a los ciudadanos de un país a reunirse en una asamblea. Aquellos que en cualquier lugar se reúnen como un solo cuerpo, un solo organismo. Este llamado es para los que han hecho una misma declaración, a favor de un país, de un reino y a un rey. Todos aquellos que al igual que Pedro han reconocido que Jesús es el Cristo.

Una iglesia no es un edificio. Un edificio no es un organismo vivo. Una iglesia son las personas, que como piedras vivas conforman un cuerpo. Una congregación.

El apóstol Pedro lo explica muy bien en su primera carta escrita. *"Y ustedes también, como piedras vivas, sean edificados como casa espiritual y sacerdocio santo, para ofrecer sacrificios espirituales que Dios acepte por medio de Jesucristo."* 1 Pedro 2:5

De una manera muy clara lo podemos leer también en el libro de los Efesios Capítulo 2 y versos 19 al 21: *"Por lo tanto, ustedes ya no son extranjeros ni advenedizos, sino conciudadanos de los santos y miembros de la familia de Dios, y están edificados sobre el fundamento de los apóstoles y profetas, cuya principal piedra angular es Jesucristo mismo. En Cristo, todo el edificio, bien coordinado, va creciendo para llegar a ser un templo santo en el Señor".*

Por qué es importante todo esto? Porque así como la iglesia NO es un edificio, las llaves entregadas no son llaves materiales sino principios y leyes que abren cerrojos determinados.

De la misma manera que Moisés reprodujo el modelo del Tabernáculo que se le fue mostrado en el cielo, para que el pueblo de Dios se reuniera cuando fuera convocado, de la misma manera Pedro, representando a la iglesia completa recibe "las llaves" o "claves" para la entrada al reino de los cielos. La llave maestra es Jesucristo. La puerta Principal es Jesucristo.

El mensaje del evangelio, las buenas noticias del reino de Dios, contienen las claves o llaves para entrar y disfrutar de cada uno de los beneficios que allí se encuentran.

Así como Jesús recibió la "llave de la casa de David", nosotros como creyentes recibimos las "llaves del reino".

*"Yo le entregaré la llave de la casa de David. Lo que él abra, nadie podrá cerrarlo; lo que él cierre, nadie podrá abrirlo. Isaías 22:22 "Así dice el Santo y Verdadero, el que tiene la llave de David, el que abre y nadie puede cerrar, y cierra y nadie puede abrir" Apocalipsis 3:7*

## El reino de los cielos

Esta frase es un Hebraísmo. "Malkut Shamayim". Equivale a la expresión Griega Koine: "basileia", que es traducida: Reino de los cielos o Reino de Dios. Literalmente significa *"el dominio del Rey"*. Es un reinado, que requiere de un rey. Es un gobierno establecido en el corazón de los hombres. La expresión "reino de los cielos", es parte del léxico de los rabinos de finales del período del segundo Templo, y, particularmente en tiempos de Jesús, la frase "los cielos" se usaba para evitar pronunciar el sagrado Nombre del Eterno, así que, en este reemplazo lo que quería era referirse al "reino de Di-s".

También era otra frase para referirse al "olam habá", es decir, al mundo venidero. Y, de acuerdo a la tradición oral, el olam habá o reino de los cielos, se hará presente en su dimensión sobrenatural a partir de la resurrección de los muertos. Pero Jesús introdujo una importante corrección a esta escatología, cuando enseñó que no había que esperar hasta la resurrección de los muertos para que se hiciera presente la dimensión sobrenatural del reino de los cielos. Sino que podemos traerla aquí a la tierra.

También según el judaísmo, cada prosélito o extranjero, *"toma sobre sí el yugo del Reino de Dios* (Tan., Lek Leka, ed. Buber, p.6) Jesús dijo: *"lleven mi yugo, Porque mi yugo es fácil, y ligera mi carga"* Mateo 11:29-30   El yugo, según el pensamiento Judío, y por lo tanto de los rabinos (Jesús era rabino) se refería a la Ley de Dios. La enseñanza oral de esa ley. En realidad Jesús está diciendo: *"Tomen mi ley porque es fácil y ligera es la carga"*.

El esclavo Hebreo que declarara su deseo de ser esclavo de por vida tenía su oreja perforada, porque *"arrojaba el yugo del Reino de Dios para someterse al yugo de otra soberanía"*(1) El yugo del Reino de Dios -el yugo de la Palabra de Dios- Concede la libertad de otros yugos. Por lo tanto, el reino de los cielos y la enseñanza de su ley llegaron al mundo a través de Jesús. ¡Ya está aquí! (Mateo 3:2)  Busquemos primeramente ese reino de los cielos (Sus enseñanzas) y todo lo demás vendrá como añadidura. (Mateo 6:33)

## Función espiritual de las llaves

En el nuevo Testamento, la palabra llave es usada figurativamente para denotar poder, autoridad u oficio. En realidad no son llaves "físicas" o "materiales". En la cultura de la época una llave era un emblema de la autoridad del gobierno. Como vimos anteriormente, en el Oriente se daba la transferencia de la autoridad y el gobierno de una ciudad, poniendo una gran llave sobre una persona. Todos sabemos que la función de una llave es específicamente:

---

(1) Bousset, La religión del judaísmo, pp. 199-201, Berlín, 1903; Dalman, Las palabras de Jesús, pp. 75, 119, Leipsic, 1898; Schechter, en J. Q. R. vi. 640-643, vii. 195-204. (Tosef., B. Ḳ, vii, 5, Yer., 59b).

"abrir" o "cerrar" un cerrojo específico. Las llaves no solamente abren puertas. Pero todas abren cerrojos. Hay cerrojos espirituales que deben ser abiertos y otros que deben ser cerrados.

### Jesús entrega las llaves y también describe su propósito y función

*"Todo lo que ates en la tierra será atado en los cielos, y todo lo que desates en la tierra será desatado en los cielos.» Mateo 16:19*

Sin embargo, yo nunca he escuchado de una llave que en lugar de abrir o cerrar sea usada para atar y desatar. Por naturaleza, una llave no puede amarrar un objeto. Una cadena sí, o una cuerda, pero no una llave.

Algo no calza muy bien en la lectura de este pasaje tal y como lo encontramos en traducciones tradicionales. Para nosotros no tiene sentido, sin embargo, en el pensamiento judío, la expresión atar y desatar tiene un significado específico y algo diferente.

Cuando un rabino prohibía algo, utilizaba la expresión "atar" y cuando "permitía" algo, usaba la expresión: "desatar". En otras palabras: Cuando los rabinos "ataban" algo, ellos estaban "prohibiéndolo," y cuando "desataban" algo lo "permitían."

Atar significaba, y era comúnmente entendido por los judíos en aquellos tiempos, como una declaración de algo que era ilegal hacer; y desatar significaba, por el contrario, una declaración de algo que era legal. Esto, aplicado a cosas, y no a personas. (1) Por eso, hay que tener cuidado de no añadir significados por nuestra cuenta. Hoy en día cada quien da su propia interpretación, y eso no está bien.

---

1. ʼAdam Clarke, Clarke's Commentary (Abingdon-Cokesbury Press, New York), Vol. 5, p. 184, nota sobre Mateo 18:18.

Estos son términos técnicos. Esta frase es usada para una exposición autoritativa de la ley por un rabino autorizado y ordenado, que tenía autoridad para "prohibir y permitir". (1)

El erudito hebreo John Lightfoot, en su comentario del Nuevo Testamento, sobre Mateo escribe: *"el lector puede ver con suficiente abundancia tanto la frecuencia como el uso común de esta frase en escritos judíos, y también el sentido de ésta, a saber: primero, que es usado en doctrina y en juicios con respecto a cosas que eran permitidas o no eran permitidas en la ley. Segundo, que "**atar**" es lo mismo que prohibir, o declarar prohibición. Pensar que Cristo, cuando usó esta frase común no fue comprendido por sus oyentes en su sentido común y vulgar, no es correcto... Sus oyentes lo entendieron perfectamente, Por lo tanto ellos [los apóstoles] ataron, o sea, prohibieron, la circuncisión a los creyentes... Ellos desataron, o sea, permitieron la purificación a Pablo y los otros cuatro hermanos, para evitar un escándalo (Hechos 21:24)."* (2)

Por lo tanto, la aplicación de atar y desatar que hoy en día muchos cristianos aplican con respecto a la guerra espiritual y los demonios, no es correcta. La mala traducción de este pasaje ha producido una doctrina errónea en la iglesia. Jesús en ningún momento ataba demonios. El los echaba fuera. Él no nos mandó a atarlos, sino a echarlos fuera. *"Sanen enfermos, limpien leprosos, resuciten muertos y **expulsen** demonios."* Mateo 10:8 *"A doce de ellos los designó para que estuvieran con él, para enviarlos a predicar, y para que tuvieran el poder de **expulsar** demonios."* Marcos 3:14-16 *"Y estas señales acompañarán a los que crean:*
*En mi nombre **expulsarán** demonios"* Marcos 16:17

---

1. Horst Balz y Gerhard Schneider, The Exegetical Dictionary of the New Testament (William B. Eerdmans Publishing Company, Grand Rapids, MI, 1990), p. 293.
2. John Lightfoot, A Commentary on the New Testament from the Talmud and Hebraica: Vol. 2, Matthew – 1 Corinthians (Hendrickson Publishers, Peabody, MA, originally 1859, reprinted 1979), págs. 236-241; notas sobre Mateo 16:19.

Además, el orden de los acontecimientos, según esta mala interpretación del pasaje, da a entender que la autoridad del creyente sobrepasa la autoridad de Dios. Eso es absurdo. ¿Quién es el hombre para querer mandar a Dios?

El texto Original de este pasaje de Mateo 16:19 presenta lo contrario. La supremacía de Dios está por encima de lo que pueda decretar un hombre. En el sentido de que lo que se ha prohibido en la tierra, es porque de alguna manera ya ha sido prohibido en el cielo. No viceversa. Recordemos la enseñanza de Jesús sobre la oración: "que se haga TU voluntad, así en la tierra COMO en el cielo".

El texto que la mayoría de las versiones traducen como "quedará (o será) atado en el cielo," en el original NO está en tiempo futuro simple. Sino que el verbo "atar" está en participio, perfecto pasivo en el texto griego. Para quienes no saben de lo que estoy hablando, me refiero a que la acción no está por realizarse en un tiempo futuro, sino señala algo que ya es. Este es el pasaje original:

καὶ ὃ ἐὰν δήσῃς ἐπὶ τῆς γῆς ἔσται δεδεμένον ἐν τοῖς οὐρανοῖς,

En otras palabras, el Original establece de la siguiente manera: "A ti, te daré autoridad en el reino de Dios. Todas las <u>cosas</u> que tú prohíbas aquí en la tierra, habrán sido ya prohibidas en el cielo (desde el cielo Dios las ha prohibido). Y las cosas que tú permitas, (habrán sido ya permitidas en el cielo) desde el cielo Dios las ha permitido." Las decisiones de la iglesia deben reflejar las resoluciones adoptadas previamente en el cielo. Jesús, siendo el hijo de Dios, no hacía nada por su propia cuenta, sino que veía lo que el Padre Celestial hacia y luego el actuaba. (Juan 5:19)

## Domando Leones

Esto Jesús lo dijo como un principio de autoridad para dirigir y administrar los dones del Padre Celestial en las congregaciones. Estas llaves no han sido dadas para que alguien ejerza una autoridad no delegada, con el fin de ejercer control y opresión sobre los que gobierna.

Algunos afirman que (1)"atar y desatar" se refiere a la manera como las autoridades religiosas administran el perdón de los pecados y la disciplina eclesiástica; es decir, de las varias maneras como la iglesia cristiana restaura o disciplina al creyente, o como salva (desata) al impío que cree al evangelio, y como "ata" al pecado, a aquellos que no quieren creer al evangelio, (2) otros creen que es una asunto de guerra espiritual contra el diablo y con respecto a las personas: para desatar ligaduras de impiedad y atarla a la prosperidad, salud, etc., (3) un tercer grupo combina la guerra espiritual con la disciplina eclesiástica. Pero lamentablemente esas interpretaciones están equivocadas.

Leemos en el pasaje de Juan 20:23: *"A quienes perdonéis los pecados, les serán perdonados, y a quienes se los retengáis, les serán retenidos."* Así era en el Antiguo Testamento, donde un sacerdote podía declarar a una persona inmunda o limpia, basado en las pruebas. El sacerdote tenía el derecho legal para ver si la lepra se había ido o no (mirando ciertas marcas indicadas por Dios) El leproso era curado exclusivamente por la misericordia y poder de Dios, antes de que se presentara ante el sacerdote. Lo único que el sacerdote hacía era declarar que estaba limpio, o que continuaba en su condición de inmundo según fuera el caso. El perdón de los pecados tiene lugar única y exclusivamente por la sangre de Jesucristo. ¿Cómo, entonces, podemos usted y yo perdonar los pecados? ¡Proclamando las buenas noticias del Evangelio, de que **en El** hay perdón de pecados! Si no les anunciamos a las personas estas buenas noticias, sus pecados no serán perdonados.

## La última y máxima llave

La llave a la prosperidad, salvación, sanidad y éxito es una sola: Jesucristo. Él es el único camino. La verdad y la vida. Él es la fuente y el centro del universo. Y aunque Él te ha dado poder y autoridad, Él es la fuente. *"Busca primeramente el reino de Dios y su justicia"*. Búscale primero a Él, y permítele que ordene tu vida y tus pensamientos. No trates de domar los leones que enfrentas diariamente en tu campo de batalla. Derrótalos y avanza hacia la meta. Hay una llave que el nos ha dado a todos, usémosla sabiamente. Proverbios 18:21 dice: *"La muerte y la vida están en poder de la lengua, Y el que la cuida comerá de sus frutos."* Seamos intencionales en lo que ponemos en nuestras mentes y nuestro corazón, porque querámoslo o no, estaremos atrayendo lo que ya pusimos allí. Nuestro corazón estará donde tengamos nuestro tesoro. Nuestros pensamientos estarán en aquello a lo que demos poder e importancia y entonces comenzarán a activarse. Y nuestra boca declarará lo que ya es una realidad en el pensamiento. Para obtener los resultados correctos, hay que hacer lo correcto. Sigue las leyes espirituales y todas las cosas sucederán de la manera que deben suceder. No estemos ansiosos ni preocupados de antemano, sino presentemos delante de Dios todas nuestras peticiones (Filipenses 4:6) Sustituyamos el afán con la gratitud y los leones que han intentado venir a devorarnos, huirán. Busquemos lo correcto. Busquemos el reino de Dios y las enseñanzas del Mesías. Entonces la llave del conocimiento se activará. Nadie tiene derecho a privarte de ella.

*"Porque todo el que ha nacido de Dios vence al mundo. Y ésta es la victoria que ha vencido al mundo: nuestra fe."* 1 Juan 5:4

Barnes, Albert. "Commentary on 1 Peter 5:8". "Barnes' Notes on the New Testament" http://www.studylight.org/commentaries/bnb/1-peter-5.html. 1870

Blackiston DJ, Silva Casey E, Weiss MR Retention of Memory through Metamorphosis: Can a Moth Remember What It Learned As a Caterpillar? PLoS ONE 3(3): e1736. 2008. https://doi.org/10.1371/journal.pone.0001736

Botha J E b. A critical assessment of the lexicographical treatment of the meanings of pisteú in the Greek New Testament. MA thesis, University of Pretoria. 1987

Cobb, Richard An Introduction to Sheep Behavior. Sheep & Goats. Illinois Livestock Trail. University of Illinois 1999

Dolphin, Lambert, Visiting the Temple Mount, ; A.I. Kook, Mishpat Kohen (19662), no. 96; ET, 3 (1951), 224–41; 10 (1961), 578–87l;

Elwell, Walter A. "Entry for 'Lion'". "Evangelical Dictionary of Theology". 1997.

Enciclopedia Judaica. The Gale Group. ©2008 All Rights Reserved.

Goldstein, Mateo Derecho Hebreo a través de la Biblia y el Talmud. Buenos Aires, [ (1948) ASIN: B00346893M

Guier, Jorge E., Historia Del Derecho, editorial EUNED, San José Costa Rica, 1981

Greek New Testament-FL (Greek Edition), German Bible Society; Edition: 5th ed. (August 2014)

International Association for the Study of Pain: "Pain Definitions". Retrieved 12 January 2015. Derived from The need of a taxonomy. Pain. 1979; 6(3):247–8. doi:10.1016/0304-3959(79)90046-0. PMID 460931.

Jabr, Ferris How Does a Caterpillar Turn into a Butterfly? *SCIENTIFIC AMERICAN, A DIVISION OF NATURE AMERICA, INC.* Agosto 2012-*17*

Keller, W. Phillip. A Shepherd Looks at Psalm 23, Zondervan 2007, ISBN-13: 978-0310274414

Lockyer, Herbert. Diccionario Bíblico Ilustrado. Tennessee, EEUU. Nelson. 1986

Noble, Darla and John Davidson, A Beginner's guide to Raising Sheep ISBN-13: 978-1505791150

Orr, James, M.A., D.D. General Editor. "Entry for 'DOOR'". "International Standard Bible Encyclopedia". 1915.

Pausanias, "Elis 1", VII, p. 7, 9, 10; Pindar, "Olympian 10", pp. 24–77

David C. Young, Harold Maurice Abrahams, Olympic Games, Encyclopædia Britannica, March 27, 2017.

Peraza, J. Enrique, Carpintería: Evolución Histórica de las puertas, 2001, Madrid, ISBN: 9788487381188

Richards, James; How to Stop the Pain, WHITAKER HOUSE/ 2001

Schoenian, Susan A Beginner's guide to rising sheep. Copyright©2016. Sheep 101 and 201.

Schopenhauer, The world as will and representation, Ateneo, Bs. As, 1956, p. 56

Shyfrin, Eduard The First Man: Who Was He? The Role of the Woman in the Original Sin http://www.chabad.org/parshah/article_cdo/aid/3084840/jewish/The-First-Man-Who-Was-He-The-Role-of-the-Woman-in-the-Original-Sin.htm

Smith, William, Dr. "Entry for 'Lion'". "Smith's Bible Dictionary". 1901.

Talmud, Vol. 12, Seder Mo'ed, (Vol. IV), Shekalim, Chapter V, page 19: the House of Abtinas [was] over the preparing of the frankincense.

Taylor, Ian, Jerusalem's Gates: Illustrating the Christian Life Kindle Edition, ECS Ministries 2005, ASIN: B00ARKE64Y

"The Bear Fact" published by the Alaska Natural History Association

The Interlinear Bible: Hebrew-Greek-English (English, Hebrew and Greek Edition) Hendrickson Publishers; Volume ed. July 2005 ISBN-10: 1565639774

Tuggy, Alfred E. LEXICO GRIEGO-ESPAÑOL DEL NUEVO TESTAMENTO, EDITORIAL MUNDO HISPANO Apartado Postal 4256, El Paso, TX 79914 E.U.A

Whiting, John D. "Among the Bethlehem Shepherds," The National Geographic Magazine, December, 1926, p. 729

Wight, Fred H. Manner And Customs of Bible Lands , 1953

Williams Pitter, Dr. Rav LAS LLAVES DEL REINO DE LOS CIELOS Y la autoridad para "atar y desatar" Rosh Yeshivat Talmud Torá BESH

www.ingramcontent.com/pod-product-compliance
Lightning Source LLC
LaVergne TN
LVHW051055080426
835508LV00019B/1880